AF522938

VERA F. BIRKENBIHL

FINDE DEINEN FIXSTERN

Die eigenen Lebensziele erkennen und erreichen

Vera F. Birkenbihl
FINDE DEINEN FIXSTERN
Die eigenen Lebensziele erkennen und erreichen

Dieses Buch wurde auf FSC®-zertifiziertem Papier gedruckt. FSC® (Forest Stewardship Council®) ist eine nicht staatliche, gemeinnützige Organisation, die sich für eine ökologische und sozialverantwortliche Nutzung der Wälder unserer Erde einsetzt.

Wichtiger Hinweis
Die im Buch veröffentlichten Ratschläge wurden mit größter Sorgfalt von Verfasserin und Verlag erarbeitet und geprüft. Eine Garantie kann jedoch nicht übernommen werden. Ebenso ist eine Haftung der Verfasserin bzw. des Verlages und seiner Beauftragten für Personen-, Sach- oder Vermögensschäden ausgeschlossen.

Redaktion: Andreas Ehrlich
Lektorat: Anke Schenker
Covergestaltung: Beate B. Köhler
Satz: Satzbau Leingärtner
Printed in Germany

3. vollständig überarbeitete Auflage 2025
ISBN 978-3-98584-216-2

Mehr Infos finden Sie im Internet unter
www.klarsicht-verlag.de · www.birkenbihl-sprachen.de · www.birkenbihl.tv

Klarsicht Verlag · Bramfelder Straße 102A · 22305 Hamburg · Germany · info@klarsicht-verlag.de

Inhalt

Vorwort 7

Einleitung 9

Eine Selbst-Inventur 12

Materiell oder spirituell? 14

Haben und Sein 18

Die eigenen Programme erkennen 20

Spielregeln – brechen oder befolgen? 22

Ihr persönlicher Lattenzaun 29

Ihr Fixstern 35

Verleihen Sie Ihrem Leben Tiefe 40

Tun, Sein und Haben – vom Umgang mit Latten 48

Mehr als ein Leben? 53

EXKURS: Warum wir die Dinge so gern »im Griff haben« 59

Ihr persönlicher Fixstern-Brief 60

So erreichen Sie Ihre Ziele 61

Zurück zum Anfang 66

MERKBLATT 1: Anlegen von Wissens-ABC & KaWas 74

Experiment 1: Das ABC-Spiel 74

Experiment 2: Das KaWa-Namens-Spiel 78

ABC-Listen und WORT-Bilder (= KaWas) 79

MERKBLATT 2: Ins HIER und JETZT kommen 82
Atmen 82
Palmieren der Augen 83
Pfeile »lesen« 84

MERKBLATT 3: Weitere hilfreiche Trainingsaufgaben 86
Kontemplative Meditation 86
Ihr »Feind« als Ihr Coach 90
Energie-Dyade 1 92
Energie-Dyade 2 92
Energie »versenden« 93
Resonanz der Liebe 94

MERKBLATT 4: Ihr persönlicher Lattenzaun 96

MERKBLATT 5: Der weite Blick 101

MERKBLATT 6: Das Prinzip Fixstern – Mundwinkel rauf 103
Das innere Lächeln 104
Strategien für die Seele 105

Stichwortververzeichnis 106

Literaturverzeichnis 108

Anmerkungen 112

Vorwort

Dieses Buch von Vera F. Birkenbihl ist etwas Besonderes: Zum einen ist es das letzte Werk, an dem sie vor ihrem Tod gearbeitet hat.[1] Zum anderen hebt es sich durch seine Thematik und seinen Aufbau von den meisten anderen ihrer Werke ab. Vera F. Birkenbihl spannt in diesem Buch einen weiten Bogen an Themen, die nicht selten als – wie sie es selbst ausdrückt – »esoterischer Scheiß« abgetan werden. Hinzu kommt, dass sie zwar auf ihre gewohnt unnachahmliche Art zahlreiche Denkanstöße, methodische Ansätze sowie Übungen und Tipps präsentiert, diese dann aber nicht weiter ausführt, sondern im Raum stehen lässt. Doch wer Frau Birkenbihl kannte, weiß, dass sie das nicht getan hat, weil sie zu den jeweiligen Punkten nichts zu sagen hatte, sondern aus einem ganz bestimmten Grund: Sie wollte Ihnen damit die Möglichkeit geben, zu ent-DECK-en, was bei der Lektüre in Ihnen zum »Klingen« kommt. Doch lesen Sie selbst, was Frau Birkenbihl im Rahmen des Seminars einst gesagt hat, das diesem Buch zugrunde liegt:

Ein besonderes Buch

Wir wünschen Ihnen viel Entdeckerfreude (Sie wissen: Wenn wir den DECK-el heben und in vorher verschlossene Dinge hineinsehen).

»Wir sind programmiert und gewohnt, in einem Vortrag o. Ä. herauszuhören: Was sagt der Mensch? Und genau das sollen Sie nicht. Sie sollen herausbekommen: Was sagt in Ihnen etwas? Doch wenn ich Ihnen das erkläre, mache ich es kaputt. Schauen Sie, wenn ich Ihnen ein Musikstück vorspiele und Ihnen erkläre, warum die jeweiligen Interpreten so vorgehen, warum hier die Violen lauter und die Oboen leiser sind etc., können Sie dieses Musikstück nie wieder hören, ohne meine spezifische, einengende Interpretation im Kopf zu haben, die Ihnen genau erklärt, was das im Einzelnen zu bedeuten hat – nämlich für mich. Tue ich das aber nicht, können Sie jedes Mal, wenn Sie sich mit dem Thema

Was kommt bei Ihnen zum Schwingen?

beschäftigen, wieder völlig frei assoziieren und sagen: ›Was kommt heute in mir zum Klingen und Schwingen bei dieser Information?‹

Deswegen schauen Sie lieber, was in Ihnen zum Schwingen kommt, als dass Sie krampfhaft versuchen, sich hinterher an meine genauen Worte zu erinnern. Wichtig ist die Wechselwirkung zwischen dem, was ich sage, und dem, was in Ihnen passiert – intellektuell oder gefühlsmäßig. Es ist wie bei einem Gemälde: Jeder hat das Recht, das Werk so zu interpretieren, wie er es aufgrund seiner bisherigen Erfahrungen interpretieren kann. Und das gilt auch für meine güldenen Worte …«

Einleitung

Ein sehr wesentliches Wort in diesem Buch wird **Liebe** sein. Der Schweizer Autor und Redner René EGLI beschreibt in seinem Buch, wie einige Teilnehmer sich nach einem seiner Vorträge über das Gehörte lustig gemacht haben. Dabei war den Großteil der Zeit von anderen Themen die Rede, aber lustig gemacht hat man sich über die Liebe – mit Schulterklopfen und einem »Jetzt müssen wir uns also lieben, hahaha!«.

Das LoL^{2}A-Prinzip

Das fand EGLI sehr seltsam. Er sagt: »Es gibt auch Seminarteilnehmer, die zu mir kommen und sagen: ›Man könnte doch anstelle von Liebe auch von Harmonie reden, von Verständnis, von Sympathie etc.!‹« Seine Entgegnung darauf: »Natürlich kann man das, wenn man unbedingt will, aber ich kann es nicht! Liebe ist Liebe. Punkt.«

Liebe ist Liebe

Es ist doch erstaunlich, welche Tricks wir anwenden, um nur ja nicht das Wort »Liebe« in den Mund nehmen zu müssen. Es fällt uns leicht, über Hass zu reden, über Gewalt, über Mord und Totschlag. Über all das können wir problemlos schreiben und diskutieren. Wenn es aber um das Thema »Liebe« geht, dann machen wir die unmöglichsten Verrenkungen, um nur ja dieses Wort zu vermeiden. Offenbar hat das Wort **Liebe** im Gegensatz zum Wort **Hass** etwas Anstößiges an sich.

Liebe vs. Hass

Also betrachten wir doch einmal das Wort LIEBE und fragen uns, wofür es eigentlich steht.

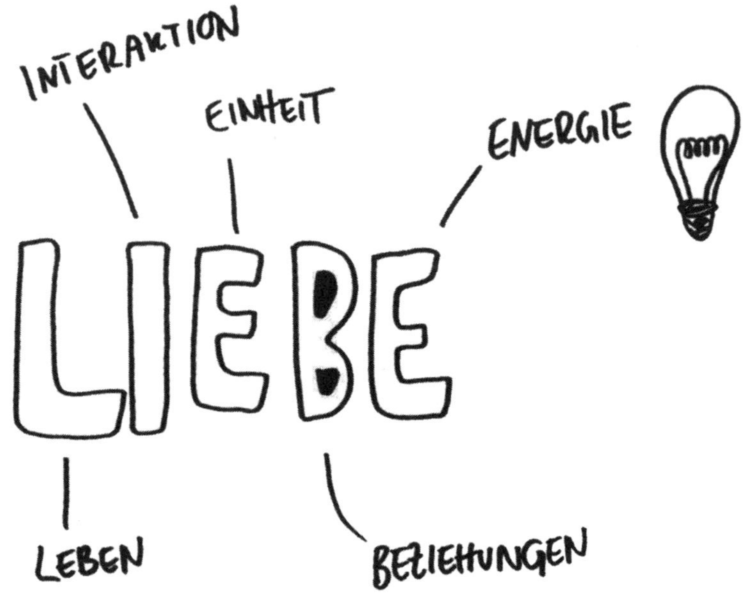

Leben Das **L** steht für **Leben**. Denn ohne Kooperation kann es auf der zellularen Basis kein Leben geben, darüber hinaus sowieso nicht.

Interaktion Das **I** steht für **Interaktion**, denn für Liebe brauchen Sie mindestens zwei Elemente – das LIEBENDE und das GELIEBTWERDENDE. Wobei die **buddhistische Art von Liebe**, über die wir auch noch sprechen werden, kein Objekt in dem Sinne braucht. **Sie strahlt wie die Sonne**, unabhängig davon, ob jemand da ist, der bestrahlt wird oder nicht. Das ist aber ein sehr großer Schritt, versuchen wir also erst einmal, der christlichen Nächstenliebe o. Ä. näherzukommen.

Einheit Für das **E** haben wir die **Einheit**, die sich ergibt. Hass trennt, Liebe verbindet. Wenn wir **Verbindungen** suchen, dann finden wir in der Regel etwas von dem, was wir Liebe nennen.

Beziehungen Dann haben wir das **B**, das für die **Beziehungen** steht, die sich ergeben.

Energie Und wir haben natürlich auch **Energie**. »Liebe ist die stärkste Kraft im Kosmos«, sagt René EGLI. Mit welcher Art von Energie haben wir es zu tun, wenn wir lieben oder hassen? Wenn wir hassen, blockieren wir uns und andere, die Energie staut sich. Das ist so ähnlich wie bei einem Flugzeug, ehe es starten darf: Die Motoren laufen, während alle Bremsen noch gehalten werden.

Ist das Wort Liebe für Sie zu **emotional besetzt**, dann versuchen Sie es stattdessen mit LOVE. In meiner Familie haben wir das 20 Jahre lang getan, bis wir auf LIEBE umpolen konnten. Bis dahin war es eine phänomenale Zwischenphase, die uns sehr geholfen hat.[2] Love

Heute jedenfalls möchte ich Sie zu **vier Liebesaffären** einladen:

1. Eine Liebesaffäre mit Ihrem **Leben**!
2. Eine Liebesaffäre mit **lebenslangem Lernen**!
3. Eine Liebesaffäre mit der **bedingungslosen Liebe**! Denn das, was wir normalerweise als Liebe bezeichnen, hat wenig damit zu tun! Da heißt es: »Ich liebe dich nur, wenn du so bist, wie ich es möchte, beziehungsweise wenn du tust, was ich will!« Das ist eigentlich keine Liebe.

4. Eine Liebesaffäre mit **Beziehungen** und **Kommunikation**!

Dabei gilt das Gleiche, was auch für meine Seminare gilt: **Es ist eine Art Supermarkt** – Sie müssen nicht alles kaufen, was ich anbiete, nur weil ich es anbiete. Wenn jeder einiges findet, was er kaufen will, hat es sich gelohnt. Und wenn Ihnen ein Gedanke nicht gefällt, brauchen Sie sich nicht zu ärgern, lassen Sie ihn einfach auf dem Regal liegen und stöbern Sie weiter, bis etwas kommt, das Sie interessiert.

Viel Freude dabei und viele spannende Erkenntnisse!

Vera F. Birkenbihl

Eine Selbst-Inventur

Beginnen wir mit einer **Selbst-Inventur**: Nehmen Sie dazu bitte ein Blatt **Papier** und einen **Stift** zur Hand. Nachfolgend finden Sie einige kurze Gedanken, die Sie bitte **jeweils ergänzen** – und zwar **ganz schnell** und **spontan**. Denken Sie nicht lange nach, es geht um Ihre erste »Bauchreaktion«.

Ergänzen Sie bitte folgende Sätze:

1. Das Leben wäre viel schöner, wenn …
2. Das Selbstwertgefühl hängt vor allem ab von …
3. Ich hätte weniger Probleme, wenn …
4. Sie kennen das Beispiel aus der Bibel, bei dem Jesus gesagt hat: »Wenn dich einer auf die rechte Wange schlägt, dann halte ihm die linke hin!« Was halten Sie von dieser Idee?
5. Die Liebe ist …
6. Inneren Frieden finde ich …

Bitte nehmen Sie nun ein zweites Blatt und **beantworten Sie ebenfalls ganz spontan folgende Fragen:**

1. Was stört Sie an sich selbst?
2. Was stört andere an Ihnen? Wofür werden Sie regelmäßig kritisiert?
3. Was stört Sie an anderen? Worüber regen Sie sich oft auf?
4. Was mögen andere an Ihnen?
5. Was mögen Sie an anderen?
6. Was mögen Sie an sich?

7a. Ich weiß nicht, ob Sie Karl VALENTIN kennen. Er hat einmal gesagt: »Entschuldigen Sie bitte, könnten Sie mir sagen, wo ich hinwill?« Wissen Sie, wohin Sie wollen?
7b. Warum wollen Sie dorthin?

Weitere hilfreiche Übungen finden Sie in MERKBLATT 2, Seite 88ff.

Legen Sie die beiden Blätter nun zur Seite. Sie zeigen Ihren STANDPUNKT **vor der Lektüre** dieses Buches. Vielleicht haben Sie ja Lust, diese Übung **nach der Lektüre zu wiederholen** und die Ergebnisse zu vergleichen. Das kann extrem spannend sein!

Nehmen Sie nun ein weiteres Blatt **Papier** und nummerieren Sie auf der linken Seite von 1. bis 9. Denn ich werde Ihnen gleich neun Begriffe nennen und Sie **notieren ganz schnell und spontan** jeweils den **Gegensatz** oder Gegenpol. Angenommen, ich würde Ihnen den Begriff »heiß« nennen, dann würden Sie vielleicht »kalt« schreiben. Angenommen, ein weiterer Begriff wäre »kommen«, dann schreiben Sie vielleicht »gehen«. Alles klar? Dann los:

1. Dankbarkeit
2. Angst
3. frei
4. Leben
5. Lebenssinn
6. Liebe
7. Schwäche
8. Unsicherheit
9. Zweifel

Wie lautet Ihre Antwort auf **Frage 6**? Die meisten Menschen notieren hier ganz spontan **Hass** als das **Gegenteil von Liebe**. Ich werde Ihnen im Laufe des Buches noch verraten, was für mich der Gegensatz zu Liebe ist, aber so viel sei vorab schon gesagt: Das, was wir normalerweise als Liebe bezeichnen, ist keine. **Echte Liebe** kann sich nie in Hass verwandeln. Vielleicht haben Sie an dieser Stelle ja Lust, ein

Weitere hilfreiche Übungen finden Sie in MERKBLATT 2, Seite 82ff..

KaWa (siehe MERKBLATT 1, Seite 74ff.) zu »HASS« anzufertigen, um diesen Gedanken zu vertiefen. Schreiben Sie das Wort auf einen Zettel in die Mitte und assoziieren Sie, was Ihnen zu jedem Buchstaben einfällt!

Materiell oder spirituell?

Der gemeinsame Nenner?

Werfen wir nun einen Blick auf eine bestimmte Art von **Märchen**. Es gibt Märchen, in denen jemand von einem bösen Zauberer oder einer Hexe **verzaubert** wird, zum Beispiel in einen Frosch. Dann lebt derjenige in dieser Gestalt, bis am Ende des Märchens etwas passiert. Überlegen Sie einmal, welches sind **die gemeinsamen Nenner** dieser Märchen? Vielleicht möchten Sie sich dazu einige Notizen machen, wir kommen darauf zurück.

Hier eine weitere Gedankensituation, zu der Sie bitte **Ihre allererste emotionale Reaktion notieren**, so Sie diese in Worte fassen können. Wenn Sie Probleme damit haben, versuchen Sie trotzdem in irgendeiner Weise Ihre allererste Reaktion auf die Frage, die ich Ihnen stelle, zu notieren. Vielleicht machen Sie drei Minuszeichen »---« für »ganz schlimm« oder drei Pluszeichen »+++« für »ganz toll«.

Stellen Sie sich vor, ein **himmlisches Wesen** erscheint bei Ihnen und sagt zu Ihnen: »Du kannst alles haben, was du willst, absolut alles!« Vorausgesetzt, Sie glauben dem Wesen, wie sähe Ihre Antwort aus?[3] **Bitte notieren Sie: Was würden Sie sich wünschen?**

Haben Sie eine Antwort aufgeschrieben? Dann erhebt sich die Frage: Ist das, was Sie notiert haben, eher **materieller** Natur oder hat es möglicherweise einen **spirituellen** Nutzen? Wir unterscheiden also zwischen dem kleinen ICH oder dem EGO (wenn wir »Selbstwertgefühl« sagen, müssten wir eigentlich »Ichwertgefühl« sagen) und dem höheren Selbst, der Seele (oder wie auch immer Sie es sonst nennen wollen).

Das kleine ICH in uns will materielle Dinge haben, will sich behaupten, recht haben, während das höhere Selbst anders gelagert ist.

Spiele des Lebens

Im Literaturverzeichnis finden Sie die Namen Thomas SZASZ und Robert de ROPP. Beide sprechen in sehr interessanten Büchern über die **Spiele des Lebens**. Thomas SZASZ war ein amerikanischer Psychiater, der sagt, dass wir SPIELE brauchen, wenn wir nicht mental verkümmern wollen. Die Frage ist nur, welche Art Spiele spielen Sie? Spielen Sie **OBJEKT-Spiele** oder **META-Spiele**?

Objekt- oder Meta-Spiele?

OBJEKT-Spiele

Bei den **OBJEKT-Spielen** geht es um materielle Objekte, materielle Dinge – um Ruhm und Reichtum im üblichen Sinne, um materiellen Erfolg. Bei den **META-Spielen** geht es um Spiele, die einen spirituellen Nutzen haben. Robert de ROPP beschreibt materielle Spiele wie folgt:

Ruhm, Reichtum und Erfolg

Es gibt das Spiel **Schwein am Futtertrog**, bei dem es darauf ankommt, möglichst viel in sich hineinzufressen, auch wenn man andere dazu zur Seite stoßen muss. Doch komischerweise nützt das Fressen nichts, weil man immer wieder Hunger bekommt. Das ist »Fast Food« für die Seele und befriedigt nicht. Und darum muss man ständig neue Ziele formulieren und ständig sehen, wie man am Futtertrog zurechtkommt.

Schwein am Futtertrog

Ein zweites Spiel ist **Hahn auf dem Mist** – Ruhm um jeden Preis. Das sind die Menschen, die gute PR-Beziehungen aufbauen und den Großteil ihrer Energien darauf verwenden, die Kunde von ihnen in die Welt hinauszutragen. Welche Kunde das ist, spielt dabei eine untergeordnete Rolle, frei nach dem Motto: Lieber ein bekannter Terrorist sein als ein unbekannter Niemand.

Hahn auf dem Mist

M O L O C H

Das **gefährlichste und tödlichste Spiel** aber heißt **Moloch**. Das Wort wird heute oft falsch verwendet. Wir sprechen von den Großstädten als Moloch und meinen, es wäre ein Konglomerat von Gebäuden. Das ist jedoch nicht die Bedeutung. Moloch war im mittleren Osten ein Gott, dem man die eigenen Kinder als größtmögliches Opfer dargebracht hat, um so das eigene Wohlergehen zu sichern. Beim Moloch geht es ausschließlich um das Siegen – egal zu welchem Preis. **Kriege** beispielsweise sind Moloch-Spiele: Man verheizt Abertausende von jungen Männern, die in eine Uniform gesteckt werden, damit sie den gewünschten Sieg erringen. Gesteuert aber wird das Ganze von einer bestimmten Gruppe, die sich irgendwo weit hinter der Front befindet. Aber auch im Alltag sehen wir eine ganze Menge MOLOCH-Spiele, zum Beispiel auf der Autobahn. Denn sonst hätten wir nicht so viele tödliche Unfälle. Ich schätze, dass 70 % der Autounfälle das Ergebnis einer Mischung aus **Moloch** und **Hahn auf dem Mist** sind – ausgetragen von Menschen, die sich am Futtertrog so satt gegessen haben, dass sie dicke Autos fahren, in denen sie ein phänomenales Sicherheitsgefühl haben. **Der Rest der Welt ist dann unerheblich geworden**.

META-Spiele

Wissen und Weisheit

META-Spiele sind Spiele, bei denen es um **Wissen** geht, um Weisheit. In der alten indischen Tradition der Brahmanen ist es so, dass man vier Lebensphasen durchschreitet. In der ersten wird man **geboren** und durchläuft eine gewisse Entwicklung. Dann kommt eine **materielle Phase**, in der man die Welt erforscht und sie auch zum gewissen Teil im Griff haben, sie manipulieren will. Danach gründet man eine **Familie**, die Bedürfnisse werden etwas sozialer. Ein ganz wichtiges Spiel! Schließlich verabschiedet sich der Mann – früher galt das nur für die Männer – **im Alter von 50 bis 55 Jahren** von der Familie und wendet sich für den Rest seines Lebens seiner **Seele** zu. Das heißt, er wird ein META-Spieler.

Natürlich kann jeder machen, was er will, wir fällen hier keine Werturteile. Und vermutlich ist es auch gar nicht sinnvoll, dass jeder 19-Jährige sich ausschließlich META-Spielen widmet. Wichtig ist vielmehr, sich die Frage zu stellen, **wie lange man ein OBJEKT-Spieler sein möchte**. Möglicherweise lässt sich für den Anfang **der Anteil der META-Spiele** auch einfach etwas erhöhen? Vielleicht 10% mehr im spirituellen Bereich?

10 Prozent mehr?

Wir werden noch darüber sprechen, dass der **materielle Reichtum** ganz automatisch zu Ihnen **hingezogen** wird, wenn Sie spirituell »gut drauf« sind. Gerade im Bereich SERVICE versuche ich das immer wieder zu vermitteln: Wenn Ihr **Hauptziel** ist, dem Kunden eine **gute Leistung** zu bieten, weil Sie ihn lieben, achten und respektieren, »**kommt die Kohle von allein**«! Wenn es Ihnen aber vorwiegend darum geht, schnell viel Geld zu verdienen, steht das wie eine Wand zwischen Ihnen und dem Kunden. Und der sieht nur die Mauer mit den Dollarzeichen drauf.

Resonanz-Gesetz, siehe auch Seite 93ff.

Wenn Sie sagen: »Ich möchte aber schon einen gewissen Reichtum materieller Art!« Warum nicht? Die Frage ist nur, ob der Weg, den Sie gehen, der optimale ist. Wenn Sie sich für einen eher spirituellen »Kuchen« entscheiden und haben als »Sahnehäubchen« ein Haus o.Ä. drauf, was ist dagegen einzuwenden?

Kommen wir zurück auf die Frage des **himmlischen Wesens** (siehe Seite 14): Sie können alles haben, sind möglicherweise zu Tode erschrocken und haben notiert, was Sie sich wünschen. **Schauen Sie einmal, was Sie aufgeschrieben haben**. Ist Ihre Antwort sehr stark objektorientiert oder scheint da schon etwas Spirituelles mit durch? Ordnen Sie sich selbst ein. Das sollten Sie spätestens jedes halbe Jahr wiederholen!

Was wünschen Sie sich?

Haben und Sein

Ich weiß, dass ich vollkommen bin!

Dieses **Gedankenexperiment**, über das Sie ebenfalls einmal kurz reflektieren sollten, stammt von Dr. Robert ANTHONY. Er fordert Sie auf: **»Sagen Sie sich jetzt innerlich mit voller Überzeugung: Ich weiß, dass ich vollkommen bin!«**

Und schon hören Sie die kleine Stimme in Ihrem Kopf, die sagt: »Oh nein, das bin ich nicht!« Die Bekräftigung Ihrer Vollkommenheit bedroht Ihr Ego in der Regel ernsthaft. Also antwortet es sofort: »Was meinst du damit, du seist vollkommen? Schau doch einmal, wie du mit anderen Menschen umgehst und was du neulich wieder für einen Mist gemacht hast! Wie kannst du da sagen, du seist vollkommen? Hör bloß auf mit dem Quatsch!« Und wenn das **kleine EGO** es schafft, dass Sie aufhören, hat es einmal mehr gewonnen. Das **kleine EGO** spielt manchmal ein tödliches MOLOCH-Spiel und tötet einen Teil in Ihnen ab, der gern leben möchte.

Worin liegt nun der Unterschied zwischen der Aussage des himmlischen Wesens (»Du kannst alles haben, was du willst«, siehe Seite 14) und der Aussage von Dr. Robert ANTHONY (»Du bist vollkommen!«)? In dem einen Fall geht es um das **Haben**, im anderen Fall um das **Sein**.

An dieser Stelle möchte ich denjenigen, die es noch nicht kennen, zumindest kurz mein Denk-Modell vom menschlichen **POTENZial**[4] vorstellen.

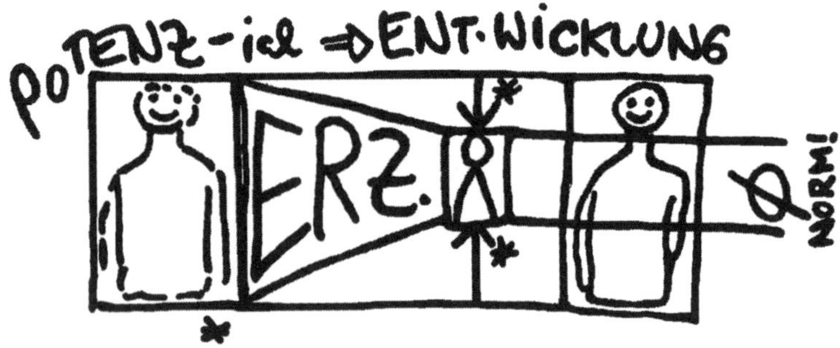

Hier wurden wir »kleiner« (»weniger«), als wir gemäß unseres angeborenen POTENZ-ials sein könnten!

Links sind Sie zum Zeitpunkt Ihrer Geburt. Das war das **PO-TENZ-ial**, das Sie hätten entwickeln können. Dabei handelt es sich um die Talente, die Macht, die Stärke, die jeder Einzelne hätte entwickeln können, wenn er gedurft hätte. Leider kommt in der Regel aber etwas dazwischen, das wir **Erziehung** nennen. Und so hat man uns mit **Programmen** psychologischer Art **normal** gemacht. Manchmal sind das auch **Affirmationen**, das heißt, wir bestätigen uns immer wieder selber: **»Ich darf nicht!«, »Ich habe nichts!«, »Ich kann nichts!«.** Und dann kommt Ihr himmlisches Wesen und sagt Ihnen, dass Sie alles haben dürfen (siehe Seite 14)…

Psychologische Programme

Ich erzähle manchmal von einem Trainerkollegen, der ein sehr interessantes, sehr exklusives und teures Seminar für Menschen veranstaltet, die reich werden wollen. Das Seminar findet in einem schicken Hotel auf den Bahamas o.Ä. statt. Er stellt den Teilnehmern folgende Frage: »Angenommen, vor der Einfahrt dieses Hotels fährt ein Rolls-Royce vor. Der Chauffeur springt heraus und öffnet eilfertig die Tür. Der Besitzer steigt aus. Welches sind Ihre ersten Assoziationen?«

Ihre Assoziationen zu »Reichtum«?

Dann rufen die Teilnehmer durcheinander. »Geizhals«, »Ausbeuter«, »Sklaventreiber« usw. Daraufhin sagt er zu Recht: »Wozu, zum Teufel, sind Sie eigentlich hier? Ich denke, Sie wollen reich werden? Sind das Ihre Assoziationen zu Reichtum?«

Viele Menschen leiden an dem **Konflikt,** dass sie einerseits gern materielle Güter anhäufen würden, aber nicht wie »das Schwein am Futtertrog« wirken möchten. Sie möchten es zwar sein, aber nicht so aussehen! Dann laufen tief in ihrem Inneren **Programme** wie »Reiche Menschen sind fies«, »Wenn einer zu etwas gekommen ist, dann nur, weil er über Leichen gegangen ist« usw. Mit solch einem Konflikt spalten Sie Ihre Energie. Ein Teil geht in die richtige Richtung, der andere Teil geht zurück und drückt Sie weg von dem, was Sie angeblich wollen. **Es kostet endlos Kraft und Sie kommen nicht voran**.

Welches sind Ihre Programme?

Welche **Programme** haben Sie bezüglich Ihrer **Wünsche**? Und welche **Programme** haben Sie in Bezug auf das, **was Sie sein dürfen**? Es gibt Menschen, die haben Programme dafür, dass sie die größten »Arschlöcher« sind, aber haben dürfen sie, was sie wollen. Und umgekehrt gibt es solche, die dürfen nichts haben, dürfen dafür aber vollkommen sein. Solche Menschen haben ein Problem mit dieser Übung. Denn sie wissen, dass sie ziemlich oder sogar ganz vollkommen sind, bloß haben dürfen sie nichts. Schließlich geht es um das **Sein**. Das ist ein Gedankengang, dem Sie sich ab und zu unterziehen sollten.

Die eigenen Programme erkennen

AFFIRMATIONEN

Jetzt möchte ich Ihnen einige **Affirmationen** anbieten, die eine **erste Denkhilfe** darstellen, um eigene Programme zu erkennen:

Typische DU-Affirmationen sind:

- »Du bist dazu zu blöd!«
- »Lass das, dein Bruder kann das besser als du!«
- »Stell das hin, du lässt es garantiert fallen!«
- »Das kannst du sowieso nicht!«
- »Das wirst du nie lernen!«
- »Das kannst du nicht ändern!«
- »Das schaffst du nie!«

Typische ICH-Affirmationen sind:

- »Das schaffe ich nie!«
- »Ich bin zu blöd (ungeschickt usw.)!«
- »Ich habe eben kein (Sprachen-)Talent!«
- »Ich kann es keinem recht machen!«[5]
- »Ich traue mich das nie!«
- »Ich befürchte das Schlimmste!«

Gerade dieser letzte Satz dürfte vielen bekannt vorkommen. Ich redete mir zum Beispiel lange Zeit ein, dass ich hundertprozentig keinen Parkplatz bekomme, wenn ich mit meinem großen Büromobil unterwegs bin. Und prompt habe ich auch keinen bekommen, was die Affirmation bestätigt und meine Angst beim nächsten Mal erhöht hat. Deshalb bin ich jahrelang nur dahin gefahren, wo ein Platz für mich reserviert war. Eine **ähnlich verbreitete Affirmation** lautet: »Dafür bin ich zu klein, zu schwach!« Das war sicher richtig, als Sie vier Jahre alt waren, aber doch nicht mehr heute. Deshalb mein Rat: Wenn Sie merken, dass Sie so etwas sagen, machen Sie sofort eine **Übung** (siehe MERKBLATT 1), damit Sie wieder ins **Hier und Jetzt** kommen.

»Ich bin zu klein/zu schwach.«

EXTRA-TIPP: Die Aussage **»Der oder die mag mich nicht!«** ist immer ein Zeichen dafür, eine **Beziehung** aufzubauen. Schreiben Sie dem Betreffenden ein kleines Briefchen nach dem Motto: »Ich habe manchmal den Eindruck, Sie lehnen mich ab. Was mache ich falsch? Können wir darüber sprechen?« Mag der andere Sie wirklich nicht, wird er dieses Angebot statt zu einem klärenden Gespräch dazu benutzen, um richtig auf Ihnen herumzuhacken. Dann betrachten Sie dies als eine Übung in Spiritualität – und lassen das Gesagte an sich abperlen wie ein Wassertropfen an einer Ölhaut.

»Der/die mag mich nicht.«

Darüber hinaus können Sie eigene **Programme** mit folgender Übung **aufspüren**: Achten Sie **sechs Wochen** lang darauf, was Sie falsch, gemein, unmöglich etc. finden, und notieren Sie es – egal ob Sie einen Spielfilm im Fernsehen anschauen oder im Kollegen-/Freundeskreis diskutieren.

Wir haben in Deutschland zum Beispiel ausgeprägte **Anti-Freude-Programme**, die wir per IMITATION übernommen haben. Hier ein **Beispiel:** Stellen Sie sich vor, Sie sitzen in einem Kaffeehaus. Am Nebentisch befindet sich ein einzelner Herr, der eine ganze Weile ruhig seinen Kaffee trinkt, bis er auf einmal **laut und herzlich lacht**. Das ist dramatisch! Das macht man doch nicht! Alle Gäste sind irritiert. Manche

Anti-Freude-Programme

von ihnen schauen, ob er ein Buch dabeihat, denn wenn er etwas Lustiges gelesen hätte, wäre sein Verhalten ja noch verständlich. Aber da ist kein Buch. Und der Mann lacht weiterhin in unregelmäßigen Abständen laut und herzlich. Da heißt es dann: »Der Typ ist doch verrückt! Das ist doch nicht normal!« Und schließlich ruft jemand den Krankenwagen – so sehr bedroht uns das, was von der Norm abweicht. Dabei hat der Herr in dem Beispiel lediglich angefangen, einen Teil seines POTENZ-ials wieder zu entwickeln, zu dem auch die Lebensfreude gehört. Oder er hatte einfach das Glück, nicht so programmiert worden zu sein.

Das ist doch nicht normal!

Interessant ist, dass es manche ärgert, wenn ich dieses Beispiel erzähle. Denn dann sage ich: »Schauen Sie, wenn ich das Programm dahinter, für das wir gar keine Worte haben, in Worte fasse, dann lautet es: **In Deutschland darf man nur lachen, wenn man mindestens zu zweit ist und wenn jeder weiß, worüber gelacht wird!**« Und das finden diejenigen sehr hart formuliert! Und es gilt sicherlich auch nicht für die Deutschen im Allgemeinen, sondern vielleicht für einige wenige.

Was denken Sie?

Spielregeln – brechen oder befolgen?

Lassen Sie uns noch einmal zu der **Verzauberung** von Seite 14 zurückgehen. Welche gemeinsamen Nenner haben Sie gefunden? Ich möchte Ihnen hierzu folgende Assoziationen anbieten:

Zunächst einmal: **»Wer verzaubert?«** Das **kleine ICH** oder das **EGO** des Zauberers? Nur das **kleine ICH** kann anderen Böses wünschen, die **Seele** käme nie auf eine solche Idee. Das heißt, das Motiv ist »Rachsucht« oder »Raffsucht«. Bei *Aladin und der Wunderlampe* wollte der »Oheim« Aladin aus Raffsucht verzaubern. Es geht darum, dass der Verzauberte jetzt eine **Rolle** spielen muss (zum Beispiel die des Frosches), in der er immer das **Opfer** ist. Und ich behaupte, dass die **Erziehungsprozesse** uns bis zu einem gewissen Grad ähnlich verzaubern.

Wer verzaubert?

Im **Buddhismus** gibt es einen Gedanken, der mir sehr gut gefallen hat. Einfach ausgedrückt lautet er: Wenn du in die Welt hineinkommst, dann musst du eine Menge **Spielregeln** lernen, die dir zeigen, wie man sich in der Gesellschaft verhält. Dagegen ist grundsätzlich auch nichts einzuwenden. Nur solltest du irgendwann **erwachsen**[6] werden und begreifen, dass es nur **Spielregeln** sind. Denn in dem Moment, in dem du das begreifst, kannst du dich entscheiden, ob du sie weiterhin befolgen willst. Und du kannst anderen zugestehen, diese Wahl ebenfalls zu treffen und sich möglicherweise gegen die eine oder andere Spielregel zu entscheiden.

Nach Alan W. WATTS, vgl. Literaturverzeichnis

Sie haben die Wahl!

Nehmen wir doch einmal die Regel: **»Du sollst pünktlich sein.«** Wenn Sie sich in einer Situation befinden, in der Sie irgendwo hinmüssen, was passiert dann? Dann bemühen Sie sich **vollautomatisch** darum, pünktlich an Ihr Ziel zu kommen. Sie haben gar keine Wahl. **Sie sind wie ein Roboter**, Sie spielen die Rolle. Jetzt müssen Sie mit der Limitation des Froschlebens klarkommen. Und Gnade Ihnen Gott, wenn Sie in einen Stau geraten ...

Siehe auch Seite 53ff.

Haben Sie sich schon einmal mit **Nahtoderfahrungen** befasst? Wenn man quasi zwischen Leben und Tod schwebt, dann erinnern sich manche daran und deren Berichte zeigen bemerkenswerte Übereinstimmungen. Dabei ist ein Aspekt, dass viele in diesem Zustand über eine Art von TELEPATHIE verfügen und quasi wissen, was andere denken oder fühlen. So auch bei diesem **Beispiel aus der Schweiz**: Ein Mann war auf einer Landstraße unterwegs in die nächstgelegene Kreisstadt. Dabei verunglückte er schwer und lag sterbend am Straßenrand. In diesem Zustand hat er festgestellt, dass fast alle Menschen, die vorbeifuhren, nur **Hass und Zorn** empfunden haben, weil sie auf dem Weg zu einem Fußballspiel waren und nun aufgehalten wurden. Nur eine einzige Person hat eine Art Gebet für ihn gesprochen. Die ist wie ein **Sonnenstrahl** aus diesem nebelverhangenen Gefühlswust herausgestochen, den er da erlebt hat. Das muss man sich einmal vorstellen! **Selbst im Angesicht des Todes fällt es uns schwer, uns zuzugestehen, einmal verinnerlichte Spielregeln beiseitezulassen** – was ja nicht bedeutet, dass wir nie wieder pünktlich sein werden.

Angst

Wenn wir **»verzaubert«** sind, dann spielen wir eine **Rolle** und sind an diese gebunden. Und wir haben **maßlose Angst**, dieser Rolle nicht gerecht zu werden. Daher auch hier mein **Tipp**: Wenn Sie merken, dass Sie Angst bekommen, machen Sie sofort eine kleine Übung (siehe MERKBLATT 2), die Sie zurück ins Hier und Jetzt bringt. Denn die Angst haben Sie immer in Bezug auf die **Vergangenheit** oder **Zukunft.** Hier ein **Beispiel:** Sie sitzen im Auto auf dem Weg nach irgendwo

Vergangenheit oder Zukunft

und es besteht die Gefahr, dass Sie unpünktlich sein werden. Wenn Sie jetzt merken, es wird »eng«[7], dann entweder aufgrund der Zukunft, weil Sie sich ausmalen, was Sie erzählen werden, wenn Sie ankommen. Oder wegen der Vergangenheit, weil Sie Tausende von Situationen kennen, in denen man Sie wegen Ihrer Unpünktlichkeit in die Pfanne gehauen hat. So oder so, Sie sind nicht im Hier, Sie sind nicht im Jetzt. **Kommen Sie ins Hier und Jetzt zurück!**

Unzufriedenheit

Dann haben wir die **Unzufriedenheit**, die man erlebt, wenn eine Panne passiert. Der Verzauberte muss viel »Unzufriedenheit« erleiden. Er ist immer »Opfer«. Er muss auch wahnsinnig viele Menschen verurteilen. Er muss all diejenigen verurteilen, die es wagen, Dinge zu tun, die er in seiner verzauberten kleineren Rolle nicht mehr tun kann. Dann kommt Neid auf, was ihm weiter die Luft abschnürt.

Unfreiheit

Für das **zweite U** haben wir die **Unfreiheit**. Wir sind unfrei. Das ist einer der Gegensätze in dieser Rolle.

Erwachen und Erlösung

Wir erwarten natürlich das **ER-wachen** aus diesem entsetzlichen Traum. Wir erwarten die **ER-lösung**, die aber nur kommen kann, wenn wir lernen **loszulassen**. Doch wenn wir loslassen, haben wir Angst, **»den Griff«** zu verlieren. Begreifen wir jedoch einige der Dinge, um die es in diesem Buch geht, werden wir wissen, dass wir den »Griff« immer in der Hosentasche haben und ihn nur herausziehen müssen. Er muss nirgendwo befestigt sein, denn dann würden wir unfrei am »Griff« hängen. Vielmehr muss der »Griff« in uns sein.

bedingungslose Liebe

Wir haben das **B** für die **bedingungslose Liebe**. Das ist die einzige Bedingung für die Erlösung, die uns die BEFREIUNG bringt.

Angst

Das **A** steht in diesem Fall für die **Angst.**

Zwillingseffekt

Zum Z: In der **Quantenphysik** gibt es den sogenannten ZWILLINGS-EFFEKT. Das bedeutet, wir haben zwei Teilchen, die absolut synchron schwimmen. Sie haben denselben »Spin« und machen alles in der gleichen, richtigen Weise. Wenn man die beiden Teilchen trennt, kann man etwas Unglaubliches feststellen: **Ändert man die Beschaffenheit des**

einen, ändert sich auch die Beschaffenheit des anderen, auch wenn es Lichtjahre entfernt ist. So verhält es sich auch bei der Verzauberung: Der Verzauberte ist immer – wie ein Zwilling – in der »Opferrolle« und in der ursprünglichen »Prinzenrolle«. Was dem einen widerfährt, widerfährt auch dem anderen. Die Frage ist nun, wie flexibel sind wir? Können wir damit umgehen? Können wir die Programme, die besagen, dass wir immer gleich zu sein haben, abbauen? **Wir sind schließlich keine Roboter!**

EGO vs. Seele

Ich möchte Sie nun bitten, sich den folgenden Text **ganz in Ruhe durchzulesen**. Beobachten Sie, was dabei in Ihnen **»zum Schwingen«** kommt, und notieren Sie, sobald Sie fertig sind, Ihre **allerersten Gedanken** dazu – ganz für Sie privat.

Stellen Sie sich folgende Möglichkeit vor: Wenn die **Seele** in diese Welt hineingeboren wird, lernt sie einen Begleiter kennen, nämlich das **kleine ICH** oder **EGO**. Zunächst freunden sich die beiden vorsichtig an und klären ihre Zusammenarbeit: Das EGO wird zum Beispiel für die **Wahrnehmung** durch die Sinnesorgane zuständig sein (wobei es mit den neurophysiologischen Strukturen zusammenarbeitet), während die Seele eine **eigene Wahrnehmungsfähigkeit** besitzt, die außerhalb der sogenannten fünf Sinneskanäle operiert. Im Optimalfall kann die Seele die Augen, Ohren etc. des EGO mitbenutzen, während sie dem Partner ihre speziellen Wahrnehmungen ebenfalls zugänglich macht.

Außerdem ist das kleine ICH für den **Verstand** zuständig sowie für alle **normalen Gefühle mit physiologischer Basis**, von denen die Wissenschaftler sagen, sie entstehen durch neuronale und hormonale Prozesse. Die Seele hingegen ist für die **Intelligenz des Herzens** zuständig, also für die BEDINGUNGSLOSE LIEBE. Dazu gehört unter anderem, wirklich verzeihen zu können. Wenn die freundliche Koordination von Seele und EGO klappt, dann entsteht in diesem Körper eine ebenso **analytische wie kreative Persönlichkeit**, die ein sinnvolles, erfolgreiches und zufriedenes Leben führen kann. So weit die **Theorie**.

In der **Praxis** wird jedoch die anfänglich gute Zusammenarbeit schnell getrübt. Die Seele merkt nämlich nach einer Weile, dass zunehmend **Störfaktoren** auftreten. Diese Fremdkörper behindern das freie Ausströmen der bedingungslosen Liebe. »Was sind das für Dinger?«, fragt die Seele. Das EGO antwortet: »Das sind **Programme und Blockaden**!« – »Programme?«, fragt die Seele verwundert, »wie meinst du das?« – »Na ja, ich muss uns beide ja draußen in der Welt vertreten. Und dort gelten bestimmte **Spielregeln**, wie man sich verhalten muss, wenn man von anderen akzeptiert werden will. Jede Spielregel wird mir so lange einprogrammiert, bis ich sie kapiert habe. Jedes Programm ergibt eine Latte in diesem Lattenzaun!«

»Kannst du mir ein Beispiel geben?«, will die Seele wissen.

»Klar, wenn einer von den großen Leuten mit dir reden will, dann darfst du nicht weiterspielen. Du darfst auch keine Sache beenden, weil große Leute nie auf Kinder warten. Du musst immer sofort verfügbar sein sowie ernst und aufmerksam schauen. Das ist eine Spielregel. Und wenn ich die nicht einhalte, dann liebt man uns nicht. Verstehst du?«

»Ah!«, antwortet die Seele. »Und wie lautet die Spielregel genau?«

»Wenn du klein bist, darfst du große Leute nicht unterbrechen, wenn sie mit etwas beschäftigt sind. Nur umgekehrt!«

»Und die Blockaden?«, will die Seele wissen.

»Ja, das sind die Querbalken in dem Lattenzaun. Die sollen dafür sorgen, dass dein Licht nicht in Bereiche vordringt, wo es nicht erwünscht ist!«

»Wie könnte bedingungslose Liebe irgendwo unerwünscht sein?«, wundert sich die Seele.

»Na ja«, erklärt das EGO, »leider ist das weit häufiger der Fall, als du denkst. Wenn ich zum Beispiel etwas angestellt habe, was den großen Leuten nicht passt, dann erwarten sie von uns, dass ich zerknirscht reagiere. Sie wollen Schuldgefühle von uns, aber keine bedingungslose Liebe. Die würde sie nämlich völlig aus dem Konzept bringen, wo sie doch gerade so schön am Schimpfen sind. Das leuchtet dir doch sicher ein?«

Da es in der Natur der bedingungslosen Liebe liegt, nichts schlecht oder falsch zu finden, akzeptiert die Seele diese und alle folgenden Erklärungen des EGO. Eines Tages erläutert das EGO einmal mehr eine der zahlreichen Spielregeln: »Ich bin geschäftlich sehr erfolgreich! Da nehme ich an Meetings mit lauter hartgesottenen Businessleuten teil, in denen es um viel Geld geht. Hier brauche ich alle meine Fähigkeiten, um sicherzustellen, dass niemand mich betrügt. Die Menschen sind ja so schlecht, und wenn man nicht furchtbar aufpasst, nutzen die das sofort aus. Da kann ich weiß Gott keine bedingungslos liebevollen Blicke brauchen.« Die Seele versucht zwar, dem kleinen ICH den Unterschied zwischen **»Stärke durch Liebe«** und scheinbarer **»Stärke durch Härte«** zu erläutern, aber sie spricht **sehr leise**. Und das EGO hat sich inzwischen einen ziemlich **lauten Monolog** angewöhnt, der endlos erklärt und rechtfertigt. So entstehen im Laufe der Zeit mehr und mehr Latten – und die Querbalken werden dicker und dicker, sodass es eines Tages kaum noch Zwischenräume gibt.

Dann wird aus dem »Lattenzaun« eine Art Mauer. Und der Wohnort der Seele wird zum **Gefängnis**. Sie kann alles wahrnehmen, aber die Mauer blockiert das Aussenden der bedingungslosen Liebe, die einem wunderbaren weißen Licht gleicht. Zwar strahlt es so hell wie eh und je, dringt aber nur durch wenige kleine Ritzen nach außen.

Bitte notieren Sie nun Ihre unmittelbaren Gedanken oder Gefühle!

Ihr persönlicher Lattenzaun

Jetzt schauen Sie einmal, was Sie für »Latten« in Ihrem »Lattenzaun« haben. Dazu gehen Sie folgendermaßen vor: Nehmen Sie ein **Blatt Papier quer** und zeichnen Sie in der Mitte eine Gerade ein. Dann ordnen Sie jeden der nachfolgenden Begriffe – symbolisiert durch ein Kreuz – einer der beiden Seiten zu. Die **linke Seite** steht dabei für **»negativ«**, »entsetzlich«, »furchtbar« usw., während auf die **rechte Seite** all das kommt, was **»positiv«**, »toll«, »super« etc. ist. Die **Mitte** ist quasi **neutral**.

Möglicherweise haben Sie zu dem einem oder anderen Begriff keine Assoziationen. Wenn Sie beispielsweise »Quäker« lesen und kennen den Begriff nicht, dann machen Sie unten auf dem Blatt einen Strich. Das sind die **Fragezeichen**. Wir haben es getestet, es sind in der Regel gar nicht viele. Oder Sie lassen den Begriff einfach aus. Sind Sie startbereit? **Sie müssen spontan reagieren und sollen nicht denken.**

Im MERKBLATT 4 (Seite 96ff.) finden Sie die komplette Liste, die Sie immer wieder einmal durchgehen können.

1. Aids
2. Alkoholiker
3. Andersdenkende
4. Arbeitgeber
5. Ärzte
6. Astrologie
7. Asylanten
8. Andere Ausländer
9. Behinderte
10. Betrunkener Autofahrer
11. Bürokraten
12. Chemische Waffen
13. Diebe
14. Drogendealer
15. Egoismus
16. Eifersucht
17. Einwanderungsgesetz
18. Engel
19. Esoterik
20. Fehler
21. Feigheit
22. Fixer
23. Freude
24. Frieden
25. Geister
26. Geisteskrankheit
27. Geiz
28. Gentechnik
29. Gesundheit
30. Gewalt
31. Gott
32. Heilung durch Gebet
33. Homöopathie
34. Homosexuelle

35. Intelligenz des Herzens
36. Kinderstrich
37. Kirche
38. Krankheit
39. Liebe
40. Linksradikale
41. Magie
42. Mentaltechniken
43. Mörder
44. Nahtoderfahrungen
45. Neid
46. Neonazis
47. Obdachlose
48. Olympiasieger
49. Politiker
50. Popstars
51. Prostituierte
52. Rechtsradikale
53. Reichtum
54. Reinkarnation
55. Religion
56. Rücksichtslosigkeit
57. Schuldgefühle
58. Seele
59. Spiritualität
60. Staatsdiener
61. Sterben
62. Steuerfahnder
63. Terroristen
64. Tiertransporte
65. Tod
66. Umweltgifte
67. Unsicherheit
68. Verzeihen
69. Zahnärzte
70. Zärtlichkeit

Jetzt müssten Sie eine **»Kreuzchenwolke«** auf Ihrem Blatt haben und ich bitte Sie, Folgendes zu tun: Versuchen Sie jetzt, die **drei schlimmsten** und die **drei positivsten** Begriffe herauszupicken, und kennzeichnen Sie diese mit einem **Minus-** beziehungsweise **Pluszeichen**. So können Sie prüfen, wo Ihre »Latten« besonders dicht stehen. Spannend ist auch der **Vergleich mit anderen**. Vielleicht haben Sie einen guten Freund oder eine kleine Gruppe von Menschen, mit denen Sie diese Übung durchführen möchten.

Bevor Sie dies tun, bitte die Übungen ATMEN und PALMIEREN (siehe MERKBLATT 2, Seite 82f.) durchführen. Kommen Sie ganz bewusst ins HIER und JETZT.

WICHTIG: Sprechen Sie nicht inhaltlich über die Ergebnisse! Also keine Aussagen wie: »Ein Sowieso ist für mich noch schlimmer als ein Sowieso ...!« Vergleichen Sie nur, was die anderen als ganz besonders negativ beziehungsweise positiv markiert haben. Kreuzen Sie mindestens drei negative und drei positive an, die jemand anders angemerkt hat. **Nur ein Vergleich!**

Die eigenen Latten lockern

Sie haben jetzt eine gewisse Vorstellung davon, wie Ihr **persönlicher Lattenzaun** aussieht, und das ist der Punkt, an dem es für manche etwas schwierig wird. Vielleicht gehören Sie ja dazu? Dann bitte ich Sie, die folgenden Gedanken einfach zur Kenntnis zu nehmen. Das heißt ja nicht, dass Sie sie dann auch tatsächlich leben müssen! Aber lassen Sie es mich zumindest theoretisch erörtern.

Wir haben eine **gewisse Menge an Programmen** bekommen. Und wenn wir über Programme sprechen, bei denen wir persönlich nicht betroffen sind, dann sind wir ganz dafür, diese »Latten« zu lockern oder gar zu entfernen. Aber wehe, wir sind **persönlich betroffen**, dann wird die Sache heikel.

Jetzt wird es persönlich

Wenn es heutzutage jemand wagen würde, darauf hinzuweisen, dass »Neonazis« auch Menschen sind, dann wird es außerordentlich gefährlich. Sie erzählen vielleicht jemandem, dass Sie mit Freunden, Kollegen oder Familienmitgliedern zum Essen waren, aber Sie würden nie sagen, dass Sie mit »Drogendealern« zusammen gegessen haben, selbst wenn es wahr wäre. Warum? Weil Sie genau wissen, dass Sie angefeindet werden würden. Das heißt, in dem Moment, in dem es sich um ein Programm handelt, das relativ **tief bei uns verankert ist**, wird die Sache dramatisch.

Sie kennen sicherlich die **Story** von dem japanischen Manager, der zu einem japanischen Zenmeister geht und etwas über Zen lernen will. Dieser führt die berühmte Teezeremonie durch, wobei er nicht aufhört, Tee in die kleine Tasse zu gießen. Der japanische Manager in seinem Gefühl der Hochachtung für den großen Meister wagt natürlich zunächst nicht, etwas zu sagen, als die Tasse überläuft. Aber irgendwann sagt er: »Meister, die Tasse ist doch schon voll!« Darauf erwidert dieser: »Ja, deine Tasse auch! Komme wieder, wenn deine Tasse ein bisschen geleert ist, es passt nichts mehr hinein!«

STORY

Stellen Sie sich doch einmal ein Glas mit bunten Kaugummikugeln vor, das von Ihrem EGO, Ihrem kleinen ICH, bewacht wird. Ist dieses Kaugummiglas voll und Sie haben zu den »Neonazis« eine braune Kaugummikugel, dann sind Sie empört, wenn nun jemand kommt, der Ihnen dafür eine violette anbieten will (oder umgekehrt). Eines, wobei Ihnen dieses Buch vielleicht helfen kann, ist, dass Sie statt diesem Glas, das relativ fest und steif ist, einen **Plastikbeutel** haben. Wenn Sie alle Kugeln aus dem Glas in einen Plastikbeutel leeren, der oben noch ein wenig Platz hat und auch ein wenig dehnbar ist, dann können Sie mit der Hand hineingreifen und richtig herumrühren. Sie kommen an jede einzelne Kugel heran, es gibt keine, die immer unten liegt. So können Sie vielleicht doch einmal mit den Kugeln spielen. Und das wäre eine BEFREIUNG, das wäre FREIHEIT.

Befreien Sie sich!

Wenn Sie theoretisch akzeptieren können, dass Menschen, die in die Kategorie »XY« fallen, auch Menschen sind, dann wäre das ein Riesenschritt. Denn das Etikett »Nazi« klebt gleich neben »Asylant« und »Kanake«. Und darum unterscheiden wir auch so schön zwischen den »Asylanten« und den »Wirtschaftsasylanten«! Die einen können wir ja noch halbwegs tolerieren, aber die anderen... Nein, wirklich nicht! Das sind »Latten« in unserem Zaun. **Jede »Latte« engt uns ein und verhindert, dass die Energie frei strömen kann!**

Kontemplative Meditation

Meditation

Als eine Möglichkeit, sich Ihren persönlichen »Latten« beziehungsweise den hier vorgestellten Gedanken und Konzepten tiefer zu widmen, möchte ich Ihnen nun das Konzept der **kontemplativen Meditation** erläutern (siehe auch MERKBLATT 3, Seite 86ff.): Meditation ist weder **tun-** noch **haben-orientiert**, sondern reines **Sein** ohne konkretes Ziel. Sie wirkt nur **kumulativ**. Das heißt, sie hat eine sich langsam ansammelnde Wirkung. Die einzelne Meditationssitzung – oder »Meditations-gehung« – darf nicht gut oder schlecht ausfallen. Das ist völlig egal.

Da es so furchtbar schwer ist zu sagen: »Setz dich 15 Minuten hin und stoppe den inneren Monolog des kleinen ICHs!«, brauchen wir Techniken, von denen eine die kontemplative Meditation ist. Sie wissen, dass Sie nur **einen Gedanken gleichzeitig** denken können. Das bedeutet, Sie nehmen sich einen einzigen Gedanken und betrachten den **von allen Seiten**, während Sie meditativ sitzen oder gehen. Das fällt uns westlich geprägten Menschen wesentlich leichter, als zu sagen: »Setz dich hin und beobachte deinen Atem, wie er fließt!«

Nur ein Gedanke!

Ich gebe Ihnen nun ein Thema für eine kontemplative Meditation und Sie probieren sie 15 Minuten lang aus. Im MERKBLATT 3 sind weitere Anregungen enthalten, aber versuchen Sie zunächst einmal, das Konzept mit dieser zu erleben. Stellen Sie sich vor, dass Sie den Gedanken – eine Kaugummikugel – ins Vakuum hängen, irgendwo draußen im Kosmos. Nun beobachten Sie, was passiert. Welche Gedanken nähern sich dem Kaugummi? Beginnen Sie keinen Dialog mit irgendeinem dieser Gedanken. Sagen Sie einfach nur: »Sehr interessant, mal sehen, was jetzt noch kommt!« So können aus Ihrem Inneren Dinge aufsteigen. Ganz prosaisch könnten Sie sagen: »Ich nehme Kontakt mit meinem Unterbewusstsein auf!« Sie könnten sagen: »Aha, da kommt die Intuition heraus!« Sie könnten sagen: »Meine innere Stimme!« Letztlich können Sie es nennen, wie Sie wollen. Beobachten Sie einfach, was passiert.

Beobachten Sie, was passiert!

Setzen Sie sich aufrecht hin und schließen Sie die Augen. Sie sind voll im Hier und Jetzt und konzentrieren sich auf folgenden Gedankengang: **»Widerstand ist die beste Methode, etwas andauern zu lassen.«**

Es ist die einfachste Art, eine Meditation durchzuführen. Denn die Meditation stoppt den inneren Monolog des kleinen ICHs. Wir können nur **Zugang** zu unserem Inneren, unserem höheren Selbst, unserer Seele (oder wie immer Sie es nennen möchten) finden, wenn wir lernen, diesen **Monolog** des kleinen ICHs ab und zu **auszuschalten**. Es ist der schnellste und leichteste Weg dazu.

Sie können nur einen Gedanken denken, aber Sie dürfen die anderen nicht zurückdrängen oder ihnen Widerstand leisten. Begrüßen Sie die Gedanken, die sich aufdrängen, die Sie gerade nicht haben wollen, stattdessen wie liebe Freunde und teilen ihnen mit, dass es momentan ungünstig ist. Die wichtigen kommen wieder, die anderen zum Ratschen woandershin.

Leisten Sie keinen Widerstand!

Wenn Sie lernen, Fehler oder Gedanken, die gerade verfehlt sind, mit **Dankbarkeit** und **Freundlichkeit** zu begrüßen und vorsichtig darauf hinzuweisen, dass es gerade unpassend ist, ohne Druck zu erzeugen, dann können Sie relativ leicht eine kontemplative Meditation erlernen.

Wenn Sie jetzt sagen: »Ja, das wäre ja ganz nett, aber ich habe weiß Gott dafür keine Zeit!«, dann können Sie einmal folgenden Gedanken ausprobieren, der mir sehr geholfen hat: Fragen Sie sich, ob **die Welt unterginge**, wenn Sie jetzt ein wichtiges Telefonat mit jemandem führen würden, das so lange dauern würde wie die Übung. Wenn Sie zu der Erkenntnis kommen, dass die Welt sich nach wie vor drehen würde und Ihre wichtigen Ziele alle nicht gefährdet wären, dann nehmen Sie sich die Zeit. **Sie haben die Macht, sich die 15 Minuten zu schenken**, wenn Sie wollen!

Nehmen Sie sich 15 Minuten Zeit!

Wie viel Zeit vergeuden wir jeden Tag, indem wir sie Menschen nachschmeißen, die sie gar nicht haben wollen. Probieren Sie es doch einmal sechs Wochen aus. Sie werden zu Ihrer großen Verwunderung feststellen – unabhängig davon, was die Meditation Ihnen bringt –, dass es Ihnen minimal 15 Minuten pro Tag Zeit spart, weil Sie weniger der »Hektomanie« verfallen. Damit sparen Sie rein rechnerisch die 15 Minuten garantiert wieder ein, wenn Sie die ersten sechs Wochen durchhalten.

Probieren Sie es aus!

Ihr Fixstern

Kommen wir nun zu dem, was diesem Buch seinen Titel verliehen hat, dem **FIXSTERN** – Ihrem **Lebensziel**, das Nahrung für Ihre Seele bietet. Dazu schauen wir uns zunächst einmal das Wort als solches (oder zumindest einige Buchstaben) etwas näher an.

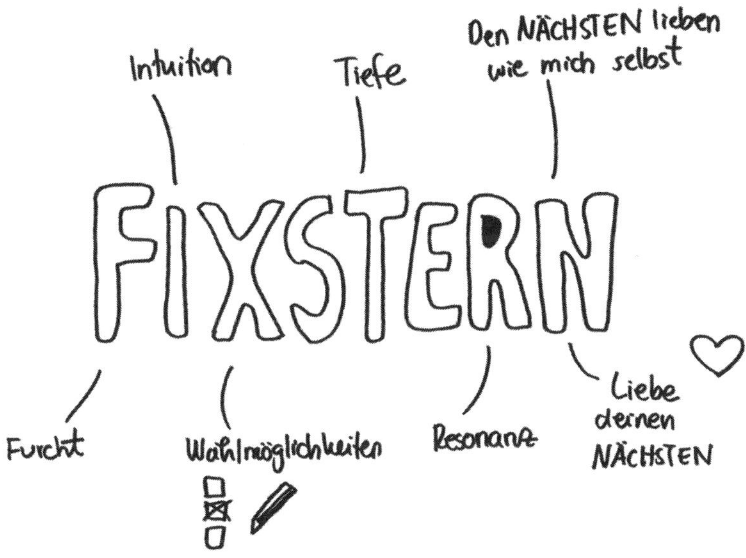

Liebe deinen Nächsten

Das **N** steht für **»Liebe deinen Nächsten«.** Was ist Ihre erste Reaktion bei der Aussage **»Wenn dich einer auf die eine Wange schlägt, dann halte ihm die andere hin«**? Darüber hat es in vielen Seminaren und in meinem Freundeskreis heftige Debatten gegeben. Der Grund dafür ist, dass viele der Meinung sind, man gäbe sich eine **Blöße**, wenn man die andere Wange hinhält. Das heißt, sie leisten lieber Widerstand. Doch wie schon mehrfach gesagt: **Druck erzeugt**

Gegendruck. Diese Leute haben panische Angst, das **kleine ICH** in ihnen könnte sich von dem **kleinen ICH** im anderen abgelehnt fühlen. Das sind die Spiele des kleinen ICHs, das ist »Hahn auf dem Mist«, das ist »Moloch«.

Siehe Seite 15f.

Doch wollen wir das? Wollen wir unserem kleinen ICH diese Macht geben? Es ist Ihre Entscheidung und es kann sein, dass Sie morgen um 11 Uhr dem kleinen ICH die Macht geben – und um 14 Uhr nicht. Und dann um 16 Uhr wieder. **Seien Sie flexibel**. Sie müssen nicht sagen: »Diese Spielregel gilt für mich nie mehr!« Denn so würde nur die nächste zementiert. Dann würden Sie wieder wie ein Roboter reagieren.

Geben wir uns doch die Freiheit, im jeweiligen Hier und Jetzt so zu reagieren, wie wir gerade reagieren wollen oder können. Wenn wir im Nachhinein merken, uns hat unsere eigene Reaktion nicht gefallen, dann **bedanken** wir uns dafür, dass hier etwas aufgetaucht ist, woran wir arbeiten können. Das ist doch viel besser, als die Vergangenheit zu verfluchen und uns den Rest des Abends mit Schuldgefühlen zu vermiesen. Wer hat etwas davon, wenn wir den ganzen Abend in der Vergangenheit leben, weil wir um 16:03 Uhr zu jemandem, der uns ein Arschloch genannt hat, »Selber Arschloch!« gesagt haben?

Danke!

Wer hat etwas davon, wenn wir sagen: »Das passiert mir nie wieder!«? Sagen wir doch stattdessen: **»Nicht immer, aber immer öfter wird es mir gelingen, die andere Wange hinzuhalten!«** Und wenn Sie das tun, passieren dramatische Dinge. Was Sie hier machen, ist geistiges Judo. Sie benutzen die Kraft des anderen, um ihn ins Leere laufen zu lassen. Der tut sich das alles ganz allein an, denn Sie sind nur sein **Spiegel**. Vergessen Sie das niemals! **So wie andere unser Spiegel sind, sind wir der Spiegel für andere.**

Nicht immer, aber immer öfter

Es gibt einen Satz in der Esoterik, der gefällt mir ganz außerordentlich gut: **Jeder Mensch, der dir begegnet, ist entweder dein Freund** (Ihre beiden Inseln überschneiden sich, Sie haben identische Programme, Ansichten, Meinungen,

Erfahrungen usw.) **oder er ist dein Lehrer** (im Sinne von Coach). Dann könnten Sie beispielsweise trainieren, auf eine Beleidigung nicht mit einer Gegenbeleidigung zu reagieren oder bei einer Kampfmaßnahme nicht zurückzuschlagen.

Die andere Wange hinhalten

Was passiert, wenn Sie die andere Wange hinhalten? Erst einmal kommt Ihr Gegenüber völlig aus dem Konzept. Laut seinem Programm erzeugt Druck Gegendruck und darauf ist er eingestellt: Alle Muskeln sind angespannt, sein Atem stockt… Und jetzt treten Sie beiseite. Warum auch sollten Sie sich dagegenstemmen? Wem würde das etwas bringen? Ihnen bestimmt nicht!

Sklave für eine römische Meile

Es steht in der Bibel: **»Wenn einer dich zwingt, eine Meile zu gehen, dann gehe zwei!«** Dieses Zitat stammt aus der Zeit, als die römischen Besatzer jeden Juden dazu zwingen konnten, irgendetwas für sie zu tragen. Also eine Art **Sklaverei auf Zeit**. Damit das nicht überhandnahm, hieß es »eine römische Meile« – weiter musste die Person die Last nicht tragen. Danach musste sich der Besatzer den nächsten Lastenträger suchen.

Verändern Sie Ihre Reaktionen

Stellen wir uns das einmal bildlich vor: Der Soldat ist **Besatzer**, er erwartet, dass Sie ihn hassen, und benimmt sich dementsprechend. Er erwartet **Widerstand**, er erwartet, nach jeder Meile wieder jemanden zwingen zu müssen, seine Last zu tragen. Und jetzt ist die Meile zu Ende und Sie sagen: »Ich gehe noch eine Meile mit Ihnen!« Das könnte ihn nachdenklich machen. »Wieso hasst du mich nicht? Bist du nicht froh, dass es vorbei ist?« – »Nein, Herr!« – »Wieso denn nicht, alle hassen sie uns doch!« – »Woher wissen Sie das, Herr?« – »Ja, das weiß man doch!« – »Nun, dann sind Sie gerade auf eine **Ausnahme** gestoßen!« Merken Sie sich: **Wenn Sie die Welt verändern wollen, verändern Sie Ihre eigenen Reaktionen!** Das steckt hinter diesem Satz.

Das **N** steht auch für **»Den Nächsten lieben wie mich selbst«. Wenn Sie sich nicht mögen, dann kann die Welt Sie auch nicht mögen**, weil Sie das nach außen transportieren. Und das ist dann die RESONANZ, für die Sie empfänglich

Den Nächsten lieben wie sich selbst

sind – und umgekehrt. Deshalb müssen wir dringend üben, uns selbst zu mögen. Auch hier kann Ihnen der **Dankbarkeits-Gedanke** ganz wunderbar helfen: Sie danken zuerst etwas außerhalb von Ihnen und fangen dann an, näher heranzukommen und sich selbst für gewisse Aspekte dankbar zu sein – falls Sie AFFIRMATIONEN haben, die Ihnen sagen, Sie wären nicht okay. Gehen Sie es graduell an, denn in der Regel sind Sie nicht in der Lage, auf einen Schlag zu sagen: »Ich bin vollkommen!« Aber vielleicht können Sie so ein bisschen Vollkommenheit in den einen oder anderen Bereichen akzeptieren.

Siehe Seite 18.

Furcht

Das **F** steht für **Furcht:** Ich behaupte (nach JAMPOLSKY u. a.), der GEGENSATZ von Liebe ist **Furcht** oder **Angst!** Diese Aussage finden wir in allen Weisheitslehren und das hat man im frühen Christentum ebenfalls noch gewusst. Angst, Unsicherheit, Scham, Schuld – all diese Gefühle können wir uns als dunkel vorstellen. Wir wissen, wenn Licht auf Dunkelheit fällt, siegt immer das Licht. Umgekehrt funktioniert es nicht. Man muss das Licht wegnehmen, um Dunkelheit zu erzeugen. Ich kann nicht Dunkelheit verbreiten, wie ich Licht verbreiten kann. Und in der Regel gilt: **Was wir fürchten, hassen wir.**

Hass auf Spinnen

Ich war ein ganz professioneller **Spinnenhasser**. Es heißt ja, dass man immer dem begegnet, wo man noch eine Lektion lernen soll. Dann zog ich nach Kalifornien in die Mojave-Wüste, wo es von Spinnen nur so wimmelte, darunter auch Schwarze Witwen. Ich wusste, dass ich da mindestens ein Jahr wohnen werde – und das mit meinem Spinnenhass! Da hat mein Mann – damals war ich noch verheiratet – gesagt: »Hör zu, du kennst die Dinger nicht. Deshalb machen wir ein paar Lektionen in Sachen Spinnen!« Er hat sie gefangen und in Gläser gefüllt, die mit einem luftdurchlässigen Deckel verschlossen wurden. Dann hat er sie mir vorgestellt. Er hat gesagt: »Du musst wissen, welche giftig sind und welche nicht! Bei der einen ist deine **Furcht** dann **begründet**, bei der anderen ist es eine **unbegründete Angst**, die dir nichts nützt!«

So habe ich festgestellt, dass es nur drei Spinnen gab, vor denen ich mich tatsächlich in Acht nehmen musste. Und die, die am schlimmsten aussahen, waren völlig ungefährlich.[8] So habe ich gelernt, Spinnen nicht zu hassen, da mir die Furcht – zumindest ein großes Stück weit – genommen wurde.

Liebe vertreibt die Furcht

Wenn Ihnen dieser Gedanke etwas zu groß ist, dann schlage ich Ihnen einen etwas kleineren vor: **Dank ist der kleine Bruder der bedingungslosen Liebe**. Wenn Sie es schaffen können, Dank zu empfinden, sind Sie fein raus. Denn Dank ist eine Art Energiestrahlung, ähnlich wie die bedingungslose Liebe. Er ist ein **Teil des Spektrums der bedingungslosen Liebe.**

Das ist ein phänomenaler Gedanke, den wir auch bei René EGLI finden. Wir können für so viele Dinge dankbar sein und doch sind wir es nur selten. Ich selbst nutze diesen »Trick« seit geraumer Zeit, zum Beispiel wenn ich merke, dass der Ärger in mir hochsteigt. Dann **rufe ich mir mindestens fünf Dinge in Erinnerung**, ehe ich weiter reagiere. Das hilft ungemein. Probieren Sie es doch gleich mal aus: Überlegen Sie, **wofür Sie dankbar sein könnten**. Das kann alles sein, sogar Ihr Auto, das Sie sicher ans Ziel bringt, oder die Straße, die gerade frei ist. **Und nun versuchen Sie 2 Minuten lang, diesen Dank wirklich zu empfinden** – nicht nur intellektuell! Beobachten Sie, welche Energie das freisetzt! Wenn ich mich auf Dankbarkeit konzentriere, merke ich zum Beispiel, dass ich mich heller, leichter fühle. Wir kommen höher hinauf, während uns die dunklen Gefühle nach unten ziehen. Das heißt, wir kommen zu mehr **innerem Frieden** und wir können beziehungsweise dürfen mehr **Freude** erleben – ausgelöst durch die Dankbarkeit. So gelingt es mir, die Latte mit Anti-Freude zumindest zu lockern, sodass sie lose im Wind schwingt.

Innerer Frieden

Das **I** steht für die **Intuition**, die dadurch auftaucht. Wir bekommen Zugang zu ihr, auch mithilfe der kontemplativen Meditation (siehe Seite 86ff.). Wir können so öfter auf die innere Stimme hören, was manche schon lange nicht mehr

Intuition

gemacht haben, weil diese eben leiser spricht als das kleine ICH. Das sind erste Ansätze.

Wahlmöglichkeiten

Das **»Kreuz«** im Fixstern (X) steht für die **Wahlmöglichkeiten**, die wir im Leben haben, und die **Entscheidungen**, die wir treffen, beziehungsweise für die Gewichtung unserer **Prioritäten**.

Verleihen Sie Ihrem Leben Tiefe

T I E F E

In Bezug auf Ihren **Fixstern** gibt es ein interessantes **Paradox**: Je **höher** er hängt, desto mehr **Tiefe** hat Ihr Leben! Wenn Sie ein **Objektspieler** sind, dann wollen Sie Objekte. Diese Ziele schließen Sie in Ihrem Leben der Reihe nach ab und dann sind Sie zufrieden. Aber Sie wissen auch: Kaum ist eines erreicht, brauchen Sie ein neues. Dieser Hunger ist immer da. Wenn Sie aber ein **übergeordnetes Ziel** hätten, einen Fixstern, der über Ihren materialistischen Zielen steht, sähe das anders aus. Dabei kann dieser Fixstern durchaus Reichtum mit beinhalten, Sie sollen ja kein professioneller Einsiedler werden, der 24 Stunden am Tag meditiert.

Befreiung

Eine ganz wesentliche Weisheit aus sämtlichen östlichen Lehren ist, dass die **Befreiung**, die Erlösung, immer dort zu finden ist, wo Sie sich gerade befinden. Sie müssen weder nach Indien noch nach Japan in ein Kloster reisen. **Sie ist hier im täglichen Leben.**

Erfolg zulassen können

Lassen Sie Ihre Latten los!

Nehmen wir Ihr **Selbstwertgefühl**, von dem wir ja schon sagten, dass es eigentlich das **ICH-Wertgefühl** des kleinen ICHs ist. Es hängt ganz wesentlich von Ihren **Programmen** ab. Je mehr »Latten« Sie im Zaun haben, desto verkrampfter ist Ihr Leben. Laufend stößt irgendwer gegen eine der »Latten«, was Sie dazu veranlasst, die entsprechende »Latte« festzuhalten. Damit **vergeuden** Sie einen großen Teil Ihrer **Zeit** und **Energie**. Das ist extrem anstrengend – wie eine Kutschfahrt auf einer sehr holprigen Straße. Und so sind Sie natürlich überzeugt, dass **die Welt** ziemlich **anstrengend** ist, dass Sie immer **kämpfen** müssen, um voranzukommen. Das sind dann Programme wie »Ohne Fleiß kein Preis!« und »Man muss für seinen Erfolg kämpfen!«.

Das ist alles Quatsch! Sie können den Erfolg einfach **zulassen** und erreichen so viel mehr. Aber die meisten von uns haben ein ganz stark ausgeprägtes PROGRAMM, das sagt: »Man muss kämpfen!« Alle wichtigen Dinge muss man sich erkämpfen. Das ist eine »Latte« in Ihrem Zaun, die Sie lockern und infrage stellen sollten.

Erfolg zulassen

Ich bringe an dieser Stelle gern das Beispiel von *Alice hinter den Spiegeln*. Darin gibt es eine Szene, in der Alice zur weißen Königin sagt: »Aber das ist doch unglaublich!« Und die weiße Königin sagt: »Mein Kind, du scheinst darin keine Übung zu haben, das muss man **trainieren**. Als ich in deinem Alter war, schaffte ich es manchmal noch vor dem Frühstück, **sechs unglaubliche Dinge zu glauben**!« Wir wissen, dass wir das, was wir glauben, wahr machen können. Das ist nicht neu. **Wir glauben es nur nicht!**

Sie kennen alle den Gedanken von dem **Glauben, der Berge versetzt**. Und wenn Ihr Glaube nur zulässt, dass Sie kleine Schmutzhaufen verschieben, wird es Ihr Leben lang bei diesen Haufen bleiben. **Aber recht haben Sie gehabt!** Und unser Verstand will vor allem eines: recht haben.

Berg oder Schmutzhaufen?

Recht haben heißt, die »Latte« bleibt, wo sie ist! **Rechthabereien** sind immer **Streitigkeiten um »Latten«**: Meine »Latte« ist besser als deine! Zumindest fühle ich mich sicherer! Wir sprechen ja vom Selbstwertgefühl. Und wehe, es greift einer mein Programm an! Wir glauben, weil wir manchmal Meinungen haben, die noch flexibel sind, dass wir generell flexibel in Bezug auf unsere »Latten« wären. Doch Meinungen sind keine »Latten«!

Rechthabereien

Das Brett vor dem Kopf

Anders ausgedrückt: **Wenn eine Meinung eine »Latte« geworden ist, ist sie nicht mehr beweglich**. Dann müssen wir erst unten eine Schraube lockern, ehe wir sie verrutschen und sehen können, wie die Welt aussähe, wenn diese »Latte« nicht da wäre. Das »Brett«, das wir angeblich vor dem Kopf haben, das ist das »Lattenbrett«.

Wenn Sie zu wenig Zugang zu Ihrer **inneren Stimme** haben, dann unterscheiden Sie nicht zwischen den Dingen, die Sie bewusst glauben, und unbewussten Dingen. Wenn Sie beispielsweise unbewusst ein Anti-Reichtums-Programm haben, bewusst aber materiellen Reichtum wollen, dann wird sich im Zweifelsfalle das unbewusste Anti-Reichtums-Programm durchsetzen. Wenn Sie im **tiefsten Inneren glauben**, Sie hätten keinen Reichtum verdient, dann glauben Sie, dass Sie nicht reich werden können. Und so wird es kommen, hundertprozentig!

Den »Sender« richtig einstellen

Sie haben vorhin bereits ein bisschen über die Frage mit dem **Widerstand** nachgedacht (siehe Seite 33f.): Dort, wo Sie Widerstand entgegensetzen, wo Sie kämpfen, finanzieren Sie mit **Ihrer Energie** den Widerstand. Dann kann diese nicht frei fließen. **Bedingungslose Liebe** aber fließt und die **Resonanz** schickt Ihnen das, wofür Sie eine Affinität haben. Das ist wie beim Radio: Alle Sender laufen gleichzeitig, aber den, den Sie gerade eingestellt haben, empfangen Sie. Sie sind auch auf bestimmte Dinge eingestellt, die Sie dann andauernd bekommen. Dagegen können Sie sich wehren, so viel Sie wollen, Sie bekommen sie trotzdem.

STORY

Unser Selbstbild

Ich möchte Ihnen an dieser Stelle eine Geschichte erzählen, die Sie möglicherweise schon kennen: Die Geschichte spielt in Griechenland, es steckt also die griechische Mentalität dahinter. Zwei junge Leute der »Null-Bock-Generation« langweilen sich zu Tode. Da schlägt der eine vor: »Komm, gehen wir ins Kino.« Gesagt, getan. Doch das Kino ist halb leer und die beiden langweilen sich weiter. Da sieht der eine in dem Licht des Projektors, dass sich direkt vor ihnen ein Mann mit Vollglatze hingesetzt hat. Das reizt ihn in seiner »Unsinn-Stimmung« und er sagt zu seinem Kumpel: »Dem möchte ich einmal so richtig auf die Glatze hauen.«

Da erwidert der andere: »Der ist größer als du, das gibt nur Ärger.«

»Nein, das ist nur eine Frage der Kommunikation. Du kannst mit den Menschen immer reden, egal was vorgefallen ist. Du musst nur das Richtige sagen.«

Darauf der andere: »Du spinnst. Du kannst ihm nicht auf den Kopf hauen, ohne dass etwas passiert, nur weil du irgendetwas sagst.«

»Doch, doch, ich beweise es dir.« Und schon schlägt er dem Mann auf die Glatze und sagt: »Panajoti, wie geht's?«

Der Geschlagene dreht sich um und antwortet irritiert: »Ich bin nicht Panajoti.«

Darauf der junge Kerl: »Entschuldigung, tut mir leid, ich habe Sie für einen Bekannten von uns gehalten. Ich dachte, Sie seien Panajoti.«

Was soll der Mann mit der Glatze da sagen? Also dreht er sich wortlos wieder um. Die zwei Freunde feixen, der Film geht weiter. Kurze Zeit später flüstert der eine der beiden: »Das war so schön. Das machen wir noch einmal.«

Erwidert der andere: »Das kannst du nicht noch einmal machen.«

»Doch«, versichert der Erste, »das ist nur eine Frage der Erklärung. Du musst hinterher nur das Richtige sagen.«

Darauf der andere: »Das gibt es nicht, nicht nach dem, was du gerade gemacht hast.«

Und schon haut der eine dem Mann vor ihm wieder auf die Glatze. Als der sich erbost umdreht, sagt der junge Kerl frech: »Panajoti, nur weil du uns 500 Drachmen schuldest, brauchst du nicht so zu tun, als würdest du uns nicht kennen.«

Da der Geschlagene keinen Ärger haben will, erwidert er darauf nichts, sondern steht einfach auf und setzt sich einige

STORY

Reihen nach vorn – in der Hoffnung, jetzt Ruhe zu haben. Die zwei Kumpel amüsieren sich natürlich köstlich und es kommt, wie es kommen muss: »Alle guten Dinge sind drei, das machen wir noch einmal.«

Entgegnet der andere: »Du spinnst. Wie könnten wir wohl einen dritten Schlag rechtfertigen.«

»Doch«, sagt der andere, »es muss etwas geben.« Er überlegt fieberhaft und tatsächlich hat er kurz vor Ende des Films eine Idee. Also geht er nach vorn und schlägt den Glatzköpfigen ein weiteres Mal mit den Worten: »Hier sitzt du also, Panajoti. Ich habe dem Mann einige Reihen weiter schon zweimal auf den Kopf geschlagen, weil ich gemeint habe, du bist das.«

Und die **Moral der Geschichte**? Es gibt Menschen, denen hauen alle auf den Kopf! Inklusive Taxifahrer, bei dem sie als zahlender Gast mitfahren. Dann gibt es Menschen, denen haut niemand auf den Kopf! Und es gibt Menschen, denen haut man ab und zu auf den Kopf, je nachdem, wie sie gerade drauf sind!

Opfer!!

Das heißt, es hängt vom **Opfer** ab, **ob man ihm auf den Kopf haut oder nicht!**

Wenn Sie ein **kleines ICH** haben, das ständig seine »Latten« vor sich herträgt und der Welt eine **Rolle** präsentiert, dann brauchen Sie sich nicht zu wundern, dass andere das merken und entsprechend reagieren. Und je stärker wir an unseren Programmen, unseren »Latten«, festhalten, desto schwieriger wird es, sie zu hinterfragen. Können wir mit *Alice im Wunderland* trainieren, **das Unglaubliche zumindest zu denken**?

Glas vs. Plastikbeutel

Bernie SIEGEL hat gesagt, dass der Mensch sich wie ein **Süchtiger** verhält, wenn man seine Meinungen (seine Programme) angreift. Bezogen auf die Metapher von Seite 31f. sind wir süchtig nach unseren »Kaugummikugeln«. Und wehe, es wagt jemand, mir eine rote wegzunehmen und mir dafür eine blaue anzubieten! Wenn wir unsere Kugeln aber im Plastikbeutel aufbewahren, können wir darin herumwühlen und sehen, wie anders die Dinge wirken, wenn sie in verschiedenen Kombinationen nebeneinanderliegen.

Die Liste, die ich Ihnen auf Seite 29f. angeboten habe, war alphabetisch. Haben Sie bemerkt, dass der Steuerfahnder witzigerweise neben dem Terroristen auftaucht? Wir können mit den Gedanken spielen, wenn wir einen **Deckenlampen-Blick** haben. Und wir können sagen: »Was für faszinierende neue Gedanken ergeben sich dadurch, dass ich die Schlüsselbegriffe, über die ich nachdenken will, einmal so und einmal so zusammenstelle?« Mit einem **Taschenlampen-Blick** können wir das nicht, denn in diesem Fall betrachten wir jeden Begriff getrennt voneinander. Dann haben wir ein Bild von uns, das wir wie eine Fahne vor uns hertragen – unser **Selbstbild.**

Deckenlampe oder Taschenlampe?

Selbstbild

Dieses Bild muss mit der Realität nicht unbedingt etwas zu tun haben. Denn das *Selbstbild* ist eine ganz »massive Latte«.

Der Umgang mit Kritik

Bekommen Sie dann ein Signal aus der Umwelt, das mit Ihrem Selbstbild nicht **übereinstimmt**, dann **verunsichert** Sie das sofort – interessanterweise sowohl bei positiven als auch bei negativen Signalen! Nehmen wir an, eine Dame, die ein gewisses Mode- und Stilempfinden zu haben glaubt, hätte bei ihrer Kleidung verschiedene Farben miteinander kombiniert, von denen ein anderer meint, dass sie ganz und gar nicht zusammenpassen – und das auch kundtut. Dann bekommt sie ein Echo aus der Umwelt, das mit ihrem Selbstbild nicht übereinstimmt. Und das hat mitunter dramatische **Rückwirkungen** auf unser Selbstwertgefühl. Wenn ich in diesem Moment nur loslassen könnte… nicht immer, aber immer öfter!

Fremdbild vs. Selbstbild

Deshalb verrate ich Ihnen eine **Technik, wie Sie mit Kritik umgehen können**, die Sie sowohl bei Ihrer Selbsterweiterung unterstützen kann als auch die Menschen kalt-

Technik für den Umgang mit Kritik

stellt, die nur herumkritisieren wollen: Wenn Sie jemand kritisiert, blicken Sie diesem Menschen fest in die Augen und sagen Sie: **»Das ist sehr interessant, können Sie das etwas näher erläutern?«**

Nun kann es sein, dass Sie durch diese Kritik Einsichten gewinnen, die Ihr Bild erweitern. Es kann aber auch sein, dass der Betreffende gar nichts Differenziertes zu sagen hat, er war nur gerade in »Mecker-Stimmung«. Im letzteren Fall wird er sich bald ein anderes Opfer suchen, weil er begriffen hat, dass Sie für ihn kein **Mitspieler** sind. Er wird seine Art herumzumeckern beibehalten, aber nicht mehr Sie als Ziel wählen.

Nur oberflächliche Verletzungen

Machen Sie sich bewusst, dass Angriffe auf Ihr Selbstbild nur das Bild, die äußere Rolle – **also Ihr kleines Ich** – treffen, nicht aber Ihre **Seele**. Die Verletzung ist nur oberflächlich. Also können Sie sagen: »Unterschiedliche Menschen sehen Dinge unterschiedlich. Und die Person XY sieht das eben so!« Dann bin ich sein Spiegel (siehe Seite 36).

Schwäche oder Stärke?

Mir hat man früher vorgeworfen, ich würde zu viel reden. Darunter habe ich jahrelang gelitten. Das war meine größte Schwäche, mein schlimmster Fehler. Also unternahm ich verzweifelte Versuche, das abzustellen, was jedoch allen Bemühungen zum Trotz nicht gelang – bis ich mich in Amerika eines Tages mit jemandem darüber unterhalten habe. Er hat gesagt: »Schau, wenn du etwas absolut nicht in den Griff bekommst, könnte es Teil deines Potenzials sein, deiner natürlichen Anlagen! Wenn du das in den Griff bekommen würdest, hättest du einen Teil deiner Persönlichkeit verloren! Willst du das wirklich?« Weiterhin hat er gesagt: »Wer wirft dir das vor? Doch nur Vielredner! Jeder Schweigsame ist froh um einen Gesprächspartner wie dich, sonst fällt es ja auf, dass er lieber zuhört!« Und schließlich hat er ergänzt: »Du hast die Fähigkeit, frei zu formulieren, worum dich viele Menschen beneiden!« So hatte ich das noch nie betrachtet.

Wann immer Sie also das gleiche Signal erhalten, fragen Sie sich: **Wer sendet das Signal?** Wem passt dieser Aspekt nicht in sein Bild, das er davon hat, wie ich in seinen Augen wirken sollte? Die meisten Dinge, für die man uns angreift, sind **Wirklichkeiten zweiter Ordnung**, über die man sehr wohl anderer Meinung sein kann, wenn man diesbezüglich kein Programm hat. Wir alle wissen, dass man sich in **Geschmacks-** und **Glaubensfragen** nicht streiten sollte, und doch haben 80 % unserer Streitigkeiten genau damit zu tun. Dann sagen wir: »Es geht mir ja nur um die Sache!« Das klingt wahnsinnig überzeugend. **Aber warum muss ich die Stimme erheben, wenn es mir nur um die Sache geht?** Dann behaupte ich, die **»Latten«** in meinem Zaun seien rein »sachliche Latten«, während es sich in Wirklichkeit um Glaubensinhalte handelt. Denn daraus besteht der »Lattenzaun«. Er besteht **nicht** aus Fakten.

Wer sendet das Signal?

Über Geschmacks- und Glaubensfragen lässt sich trefflich streiten

Würde es sich um irgendwelche mess- und beweisbaren Daten, Fakten oder Informationen handeln,[9] könnten wir sagen: »Wow, das hätte ich nicht gedacht!« Das würde uns bei Weitem nicht so verunsichern, wie es uns verunsichert, wenn jemand ein grün gestreiftes Hemd mit einer blau karierten Krawatte trägt, und wir haben kein passendes Programm dazu! Oder wenn mir jemand sagt, dass meine Farbkombination nicht zusammenpasst, wo ich doch meine, ich hätte ein Gefühl dafür.

Es ist schon spannend: **In den großen Dingen sind wir in der Regel großzügig, während wir bei Kleinigkeiten kleinlich sind**. Damit verschwenden wir so viel Energie. Wir sehen nur den »Hühner-Mist« im Haus und nicht, dass 98,9 % des Hauses frei davon sind. Und genau auf diese wenigen Punkte konzentrieren wir uns und schießen nicht selten mit großen Geschützen darauf. Kein Wunder, dass wir abends völlig geschafft sind – obwohl wir nichts geschafft haben und unseren Zielen keinen Schritt näher gekommen sind, was ebenfalls ein Grund für Ihre Erschöpfung ist: **Wir sind erschöpft, weil wir nichts geschöpft haben.**

Seien Sie auch bei Kleinigkeiten großzügig

Tun, Sein und Haben – vom Umgang mit Latten

Es gibt einen sehr interessanten Zusammenhang zwischen **Tun**, **Sein** und **Haben**: Ich behaupte, dass wir in unserer Kultur relativ stark **tun-orientiert** geprägt sind. Wir haben unglaublich viele »Latten« in unserem Zaun, die mit dem **Tun** zu tun haben – was man tut (oder nicht tut) und wie man es tun sollte. Wir glauben, dass wir nur »okay« sind, wenn wir »Okay«-Leistung erbringen. Darum sind wir eine **»Leistungsgesellschaft«**. Und deshalb haben Erwachsene furchtbare Probleme mit den jungen Menschen, die sich diesem Diktat zumindest in Teilen nicht mehr beugen wollen.

Wir sind eine Leistungsgesellschaft

Zu mir kommen Mütter genauso wie Chefs und sagen: »Wie kann ich den **jungen Menschen motivieren**, sich so zu verhalten, wie ich mich laut meinen Programmen bisher verhalten musste?« Da wird keinerlei Rücksicht auf die Lebenssituation oder die Ziele des jungen Menschen genommen! Jeder will, dass sein **kleines EGO** zufriedengestellt ist, dass die Menschen in seinem Umkreis sich so verhalten, wie er sich verhalten darf. So ergeben sich natürlich Motivationsprobleme und ich werde gefragt: »Frau Birkenbihl, was soll ich tun?«

Motivationsprobleme

Und wenn ich dann sage: »Hinterfragen Sie einmal Ihr Recht, das zu wollen, was Sie von dem Betroffenen fordern!«, sucht man sich ganz schnell jemand anderen, der ein paar Motivations-Patentrezepte anzubieten hat. Das ist bequemer, als die »Latte« infrage zu stellen. Doch muss man sich wirklich immer ein Bein ausreißen?

Hinterfragen Sie Ihre Forderungen

Nehmen Sie das Thema **Arbeitslosigkeit:** Das Arbeitslossein wäre ja nicht so schlimm, wenn man nicht sämtliche Freunde verlieren würde. Diese haben nämlich alle **Programme**, die besagen, dass man arbeiten muss. Andere suchen zum Teil deshalb die Distanz, weil sie Angst haben, dass es »ansteckend« sein könnte. Das hat alles mit unseren PROGRAMMEN zu tun und mit sonst gar nichts.

Wenn ich die jeweiligen Programme nicht habe, könnte ich die Zeit nutzen, um einige der Dinge zu tun, zu denen man im normalen Job nicht kommt. Da beklagt man immer, dass man nie Zeit hat, ein Buch zu lesen oder einen Sprachkurs zu besuchen. Dann ist man einige Monate arbeitslos und kommt nicht auf die Idee, diese Zeit für genau solche Dinge zu nutzen, weil einen das PROGRAMM »Arbeitslos ist schlimm, du bist nicht okay!« vollkommen lähmt. Wir sind sehr **tun-orientiert** und haben Probleme mit dem **Sein.**

PROGRAMME lähmen uns

Unser Selbstwertgefühl hat an der Stelle eine »Delle«, wo das **Sein** sein sollte. Solche »Dellen« tun weh. Was versuchen wir also? Wir versuchen, sie zu kompensieren – durch **Tun**. Das sind die Menschen, die immer etwas tun müssen, auch im Urlaub, auch privat, auch abends …

So versuchen wir Dellen in unserem Selbstwertgefühl auszugleichen

Gelingt es uns nicht, die Delle über das **Tun** auszugleichen, haben wir noch die Möglichkeit des **Habens**. Das ist dann zum Beispiel die »Jacht«, die in einem Gewässer in Ihrer Nähe ankert. Sie haben zwar nie Zeit, damit hinauszufahren, aber Sie sind Mitglied in einem Jachtclub und können Ihre »Jacht« täglich im Gespräch mit anderen erwähnen.

Übertriebenes Habenwollen und **echtes Habenwollen** unterscheiden sich dabei ganz einfach: Wenn Sie etwas nur aus Selbstwertgefühl-Gründen haben wollen, ist es ab dem Moment, in dem Sie es besitzen, für Sie uninteressant. Dann wird »es« so gut wie nie benutzt. Es wird aber auch nicht verkauft, weil es ein Loch im Selbstwertgefühl hinterlassen würde, wenn man es wieder hergäbe. **Man will es nur haben, nicht benutzen**.

Dinge, die Sie im gesunden Sinne haben wollen, die möchten Sie benutzen und tun das auch. Das sind keine Statussymbole. Wenn Sie sich einen Fernseher in die Gästetoilette hängen, weil die Nachbarn da noch keinen haben, dann gehen nur Ihre Gäste dort hin. Sie persönlich haben gar nichts davon, außer dass Ihre Besucher eventuell maßlos beeindruckt von der Toilette zurückkommen.

Nichtsdestotrotz kann der Fernseher auf dem Gästeklo ein legitimes Ziel sein! Wenn Sie diesen materiellen Wunsch hegen, warum nicht? Doch sollte er dann in ein **übergeord-**

Der Fixstern verleiht Ihrem Leben Tiefe

netes Ziel eingebunden sein, sozusagen als Sahne auf dem Kuchen, aber nichts, wofür Sie drei Monate Ihres Lebens investieren. Ihr FIXSTERN sollte etwas mit Ihrem Wesen zu tun haben und nicht nur mit den kleinen ICH-BEDÜRFNISSEN. Ich wiederhole: **Je höher der Fixstern hängt, desto mehr Tiefe hat Ihr Leben**, desto mehr Lücken bekommen Sie im »Lattenzaun«.

Sie bekommen, woran Sie glauben

RESONANZ-Gesetz

Ich behaupte zudem Folgendes: Je stärker Sie **im Einklang**, in Resonanz, in Harmonie mit Ihrem **wahren Wesen** sind, desto mehr passiert das, was Sie nicht erzwingen können. Das bedeutet, dass sich ganz unvermutet Chancen auftun, sich günstige Gelegenheiten ergeben, Sie zur richtigen Zeit die richtigen Menschen treffen. Kurz: **Sie haben plötzlich Glück**. Das Universum ist ein Ausbund an Reichtum. Wo Sie auch hinschauen, herrscht eine unerhörte Fülle. Man hat uns lediglich eingeredet, dass alles knapp ist und dass wir dem atemlos nachjagen müssen.

In der ehemaligen **DDR** hat sich einmal folgendes Beispiel für eine **selbst erfüllende Prophezeiung** ereignet: Ein Parteioberer hat die Befürchtung geäußert, dass es mit der Verfügbarkeit beziehungsweise Zuteilung von Toilettenpapier etwas schwierig werden könnte, da es Probleme mit dem Hersteller gäbe. Daraufhin stürmten am nächsten Tag alle in die Geschäfte und haben wie blöd Toilettenpapier gekauft, sodass tatsächlich – wie vorhergesagt – eine »Toilettenpapier-Knappheit« eintrat. Aber nur weil alle daran geglaubt haben. Alle Haushalte haben gehortet. Jeder hat viel mehr gekauft, als er in den nächsten drei Monaten verbrauchen kann, damit es nur ja nicht ausgeht. Also konnten die, die wirklich keines mehr zu Hause hatten, nur mit Zeitungspapier …

»Knappheit« mit Ansage

Was ich damit sagen will, ist, dass Sie das bekommen, woran Sie glauben. Wenn Sie glauben, etwas ist knapp, dann wird es knapp. Gleichzeitig sind andere, auf die Sie neidisch sind, umgeben von Reichtum und Fülle, aber nicht Sie. Deshalb: **Suchen Sie die »Latten in Ihrem Zaun«**. Suchen Sie die AFFIRMATIONEN. Darum haben Sie die Liste von Seite 29ff. als ersten Denkanstoß bekommen. Beobachten Sie: Worüber regen Sie sich auf? Was stört Sie? Schreiben Sie es auf!

Die Wirklichkeit erkennen

Erst wenn Sie wissen, welche »Latten« Ihnen im Wege sind, an welchen Stellen Sie ständig Widerstand leisten und wo Sie Ihre wertvolle Energie vergeuden, können Sie die Welt **so wahrnehmen, wie sie tatsächlich ist**. Denn zwischen uns und der Wirklichkeit befinden sich jede Menge **Filter**. Das ist zwar nicht unser heutiges Thema, aber ich möchte es trotzdem kurz andeuten: Jede Ihrer »Latten« ist ein FILTER. Und je mehr »Latten« sich am Zaun befinden, desto weniger können Sie von der Wirklichkeit sehen. Wenn ein Mensch gegen ein Programm verstößt, das für Sie »per Latte« ganz wichtig ist, wird er sofort zum Unmenschen. Wir sind sehr sensibel geworden: Wir fordern von den Chinesen und Türken, die Menschenrechte zu achten. Und auch wenn ich Sie mit Elektroschocks o.Ä. quälen würde, fänden Sie das unmöglich. Dagegen haben wir inzwischen ein PROGRAMM, sind also gegenüber dem Mittelalter schon einen ganzen Schritt weiter – da fanden wir Folter nämlich noch völlig in Ordnung.

Ihre geistigen Latten als Filter

Aber was ist mit den Menschen, die jeden Gedanken abwürgen, der nicht von ihnen ist, die jeden Gedanken zertrümmern, der nicht mit ihren Gedanken zusammenpasst? Auch das ist eine Art von Folter, geistige Folter. Wir klagen an, wie wüst die Industrie die Umwelt vergiftet, aber die Stresshormone, die viele von uns den ganzen Tag produzieren und ständig ihre Umwelt damit vergiften, das finden wir in Ordnung.

Geistige Folter

Der amerikanische Autor Luke REINHARD hat einmal gesagt, dass es in seiner Heimat völlig okay ist, dass man

Menschen verletzt, sie abwürgt, Ihnen nicht zuhört, nicht auf sie eingeht, ihnen eine Meinung aufzwingt… Aber wehe, man verrichtet seinen Stuhlgang an einem anderen als dem dafür vorgesehenen Ort, dann wird man gleich eingesperrt. Das ist seiner Meinung nach im wahrsten Sinne des Wortes »beschissen«. Und nicht nur das, es sind alles Energien, die Sie gegebenenfalls nicht in Ihre Lebensziele leiten können, sondern für unnötige Kämpfe verschwenden. **Deswegen noch einmal mein Appell an Sie**: Suchen Sie Ihre größten geistigen »Latten«.

Finden Sie Ihre geistigen Latten

Haben Sie eine solche gefunden, »schalten« Sie bitte **nicht auf Widerstand** nach dem Motto »Weg mit dir, du blöde Latte!«, sondern versuchen Sie es mit diesem Gedanken: **»Liebe Latte, ich freue mich, dass ich dich erkannt habe! Ich bin voller Dank und jetzt überlege ich, ob ich dich noch brauche!«**

Seien Sie dankbar

Nehmen wir an, Sie stellen fest, dass Sie furchtbare Angst vor Situationen haben, in denen etwas Bestimmtes passiert. Bedanken Sie sich für diese Erkenntnis und fragen Sie sich, ob Sie diese Furcht noch benötigen. Dann warten Sie ab. Steigt eine »Stimme« in Ihnen auf, die diese Frage bejaht, dann **akzeptieren** Sie Ihre Furcht für die nächsten 10 Minuten, 10 Monate, 10 Jahre usw.

Kämpfen Sie nicht gegen Ihre Ängste an, sondern akzeptieren Sie einfach, dass Sie hier eine »Latte« haben.

Kämpfen Sie nicht dagegen an, sonst machen Sie sich auf Dauer nur kaputt. Ich zum Beispiel kann meine Angst vor Hunden (siehe Seite 111) offen zugeben. Ich habe keine Schuldgefühle, keine Peinlichkeitsgefühle. Und wenn ich spazieren gehe, habe ich immer einen Stock dabei. Nicht weil ich damit zuschlagen will – um Gottes willen –, sondern weil er mir vermittelt, dass ich einen Hund auf Distanz halten könnte, wenn denn einer käme. Das habe ich mir von den Löwenbändigern abgeschaut. Dadurch fühle ich mich sicher und strahle das auch aus, sodass die Hunde mich genauso allein spazieren gehen lassen, wie ich sie allein spazieren gehen lasse. Problem gelöst.

Mehr als ein Leben?

Wir gehen davon aus, dass wir **ein Leben** haben, und mehr wissen wir nicht. Aber es gibt natürlich diverse Theorien, dass es davor und danach ebenfalls noch etwas geben könnte. Ob dem so ist, will ich an dieser Stelle völlig dahingestellt lassen. Jeder kann glauben, was er will. Die Frage, die ich mir gestellt habe, ist vielmehr: Ist es hilfreich – auch wenn wir von einem Leben ausgehen –, uns die Ziele anzuschauen, welche die Menschen haben, die davon ausgehen, dass davor und/oder danach etwas war oder sein wird?

Und ich habe festgestellt, dass diese Ziele uns in der Tat **unerhört helfen** können, auch wenn wir selbst davon ausgehen, dass mit unserem Tod alles endet. Daher komme ich zurück auf das Thema **Nahtoderfahrungen** (siehe Seite 24). So beschreibt beispielsweise das *Tibetanische Totenbuch* (ein sehr altes Dokument) sehr detailliert, was nach dem physischen Tod passiert. Bis in die 1930er-Jahre hat unsere westliche Wissenschaft dies jedoch als »hirnverbrannten esoterischen Quatsch« abgetan, weil die Anzahl der Scheintoten bei uns relativ gering war. Sie wissen vielleicht, dass man früher Glocken in die Särge eingebaut hat, damit der »Nicht-Tote« läuten kann, wenn er im Sarg aufwacht. Das kam auch hin und wieder vor, aber eben in so geringer Zahl, dass es statistisch nicht signifikant war.

Passierte es dann doch mal, hatten diese Menschen Wunderliches zu berichten: Sie beschreiben häufig eine **»Lichtgestalt«**, die ihnen begegnet ist, und von ihrem Leben, das an ihnen vorübergezogen ist. Sie erzählen, dass man bestimmte Situationen aus dem eigenen Leben aus der Position desjenigen erlebt, dem man damals Gutes wie Schlechtes angetan hat. Wenn Sie also einen Ehepartner haben, den Sie seit 27 Jahren ständig unterdrücken, den Sie nie zu Wort kommen lassen usw., dann erleben Sie 27 Jahre dessen Nicht-zu-Wort-Kommen. Das Interessante ist, dass Sie in dem Moment, in dem Sie den Körper verlassen, sich außerhalb unserer

»Wie weit hast du dich in Richtung Liebe entwickelt?«

Raum-Zeit bewegen. Manche sagen, es könnten 10.000 Jahre gewesen sein oder aber 10 Sekunden – sie wissen es nicht (weil Zeit dort nicht mehr existiert). Es könnte dementsprechend sein, dass Sie Ihr Leben in demselben Tempo noch einmal erleben, wie es vorher verlaufen ist…

Die Sicht des »Opfers«

Das heißt also, dass nicht **der große Richter** kommt, der die Guten von den Sündern trennt und entscheidet, wer in den **Himmel** und wer in die **Hölle** kommt. Vielmehr wird übereinstimmend berichtet, dass man sich quasi **selbst beurteilt,** indem man es aus der Sicht des/der anderen erleidet. Dann versteht man ohne Worte, was gut und was schlecht gelaufen ist. Zudem sagen die Betreffenden übereinstimmend, dass die LICHTGESTALT die **bedingungslose Liebe** ist, die in keinster Weise richtet, verurteilt, lobt usw.[10]

Treten Sie einen Schritt zurück und stellen Sie sich diese Frage

Ausgehend von diesem Gedanken könnte man nun möglicherweise einen **Fixstern** ableiten. Bei mir war es meine Aggressivität, von der ich unerhörte Mengen mitbekommen habe. Doch heute kann ich – wenn ich merke, dass ich gerade wieder einmal jemanden anständig in die Pfanne hauen will – einen Schritt zurücktreten. Ich frage mich dann: **»Angenommen, ich würde es hinterher aus der Position meines Gegenübers erleben, würde ich das genießen? Wohl eher nicht!«** Und schon ist einiges von meinem Zorn verraucht. Das kann uns enorm helfen. Denn selbst wenn wir glauben, dass es kein *Danach* gibt, ist es günstiger, mit einem solchen Gedanken unser Verhalten zu beurteilen, als nur unsere »Lattenzäune« als Maßstab anzulegen. Denn unser »Lattenzaun« sagt: »Haut dir einer auf die rechte Wange, dann tritt ihm in die Weichteile! Der wird dich nie wieder schlagen!«

Und nehmen wir einmal an, da wäre ein DANACH. Dann ist es zu spät, um zu sagen: »Scheiß Programm! Wie oft habe ich jemandem in die Weichteile getreten! Jetzt kommt der Erste auf mich zu und da sind noch 43.000 andere!« Es kann also schon aus rein **egoistischen Gründen** ratsam sein, ein bisschen altruistischer zu sein. Wäre da ein Richter in einer Robe, der entscheidet, ob ich in den Himmel oder die Hölle komme, wäre das noch schlimmer. Doch es reicht schon, wenn ich das später im Grunde selbst entscheide und sagen muss: »Da bin ich ziemlich fies gewesen!«

Weltweit haben alle Menschen, die »zurückgekommen« sind – unabhängig von ihrer Religion oder Weltanschauung –, eine Botschaft: Es gibt eine Art von **Übergang**. Davor schwebt man ein bisschen an der Zimmerdecke und kann Details zum Beispiel von einer Operation und anderen lebensrettenden Maßnahmen erkennen (auch Menschen, die gar keine medizinischen Kenntnisse haben). Blinde Menschen wissen zum Teil, welche Kleidung die Helfer haben, weil Behinderungen in diesem Zustand nicht mehr existieren. Dann kommt ein Übergang irgendeiner Art, ein Tunnel, eine Röhre … Annette KÜBLER-ROSS sagt, dass sie ein Alpenmensch sei. Bei ihr war es dementsprechend eine Art Alpenweide.

Der Übergang

Anschließend begegnet man der LICHTGESTALT. Das Leben zieht an einem vorüber, aber man erlebt es aus der Sicht des/der anderen. Hier wird vielen klar, dass sie wieder zurücksollen beziehungsweise -dürfen (was manche gar nicht wollen). Und nachdem sie wieder hier sind, haben sie alle die Angst vor dem Tod verloren. Aber auch ihre Einstellung hat sich dramatisch verändert – gerade bei den kämpferischen Typen –, denn sie haben laut eigener Aussage verstanden, dass nur zwei Dinge zählen: erstens **Liebe** im Sinne der BEDINGUNGSLOSEN LIEBE und zweitens **Wissen** im Sinne von WISSEN UM DIE GRÖSSEREN ZUSAMMENHÄNGE.

Was wirklich zählt: Liebe und Wissen

Manche, die sogar noch etwas weiter gekommen sind, berichten schließlich, dass sie an einen *Ort des Wissens* gelangt sind, den manche auch in Meditation oder Trance erreichen können. Haben Sie sich einmal mit NOSTRADAMUS befasst, einem der großen Seher? Er hat einige Dinge vorausgesagt, die ziemlich unglaublich sind. So hat er beispielsweise die **Atombombe** vorausgesagt, wobei er natürlich nicht wusste, worum es sich dabei handelt, er war schließlich ein Mann des Mittelalters. Trotzdem hat er einen »gigantischen Pilz« beschrieben, der in die Höhe steigt und Hunderttausenden

NOSTRADAMUS

den Tod bringt, manchen sofort und manchen erst über die nächsten drei Generationen. Vor dem Abwurf der ersten Atombombe liest man so einen Text und sagt: »So ein esoterischer Mist!« Nachdem die Atombombe dann da war, ist uns völlig klar, was er beschrieben hat.

Ort des Wissens

Wenn es also irgendeinen **Ort des Wissens** außerhalb des hiesigen Lebens gäbe, dann beschreiben die Menschen das mit den Wörtern, die sie aus diesem Leben haben. Der eine bezeichnet ihn als eine Art »Universitätsstadt«, der andere nennt es eine »gigantische Bücherei«, der dritte sagt wieder etwas anderes. In einem stimmen sie jedoch alle überein: Es handelt sich um einen Ort des Wissens. Das deckt sich wieder mit den ganz alten Aussagen der Esoteriker, die von einer **Akasha-Chronik** sprechen, einem allumfassenden Weltgedächtnis.

Siehe MERKBLATT 5, Seite 101f.

Weiterhin ist interessant, dass diejenigen, die dort waren, sagen, dass das Wissen nicht mehr linear Wort für Wort vermittelt wird, sondern als eine Art von INSTANT KNOWLEDGE (wie Instant-Kaffee). Das erscheint uns sehr schwer verständlich, aber wenn Sie den **»weiten Blick«** üben, dann gelangen Sie manchmal in diesen Zustand, in dem Sie mit einem Schlag über gewisse Dinge Bescheid wissen. Das war auch Einsteins Trick. Er hat dann aber noch Jahre gebraucht, um seine Erkenntnisse linear auf dem Papier auszurechnen. Auch Mozart hat in einem Brief geschrieben, dass die Kompositionen mit einem Schlag da waren. Innerhalb eines Bruchteils einer Sekunde hatte er quasi zeitlos das ganze Stück gehört und dann aufgeschrieben – was wiederum Stunden und Tage dauerte.

Einer der Menschen, die in solchen **Trancezuständen** gewesen sind, hat berichtet, dass er *anderen Menschen* begegnet ist, die sich auch gerade im ZWISCHENSTADIUM befanden. Einige davon haben furchtbar borniert auf ihn gewirkt, furchtbar verkrampft. Das hat ihn zunächst sehr verwundert, weil er sagt: »Wir haben ein Programm, das sagt, wenn der Mensch gestorben ist, dann wüsste er alles!« Doch weiter führt er aus: »Das ist Quatsch, wenn einer im Leben borniert war, dann stirbt er erst einmal borniert. Und dann kann es eine Weile dauern, bis die Entwicklung stattfindet.« Die Autoren des *Tibetanischen Totenbuches* sagen: »Je weiter du dich in Richtung **Spiritualität** entwickelst, je mehr **Raum** du der **Seele** gibst, bevor du stirbst, desto leichter wird der Übergang.«

Das *Tibetanische Totenbuch* sagt, dass es eine ganze Zeit dauert, bis sich alles entwickelt.

Es könnte sein, dass die Idee vom FEGEFEUER, der HÖLLE usw. daraus resultiert, dass jemand, der in Bezug auf **Liebe** einen völlig geschlossenen »Lattenzaun« hat – für den Liebe ein obszönes Wort ist, dem es peinlich ist, wenn darüber gesprochen wird, der nur die Pseudoliebe kennt –, zu Tode erschrickt, wenn er plötzlich in dieses Etwas eingetaucht wird, wovor er sich zeit seines Lebens gedrückt hat. Das könnte durchaus **Höllenqualen** bedeuten, wenn es völlig unvermittelt auf ihn zukommt.

Liebe und Wissen als Fixstern?

Selbst wenn wir also nicht davon ausgehen, dass »danach« nichts ist, dass mit dem Tod alles endet, könnten **Liebe** und **Wissen** ein FIXSTERN sein, an dem wir unsere EINZELZIELE ausrichten: **Steht es in Harmonie mit dem großen Ziel?** Mehr dazu, wie Sie Ihre weltlichen Ziele in Einklang mit Ihrem Fixstern bringen, erfahren Sie ab Seite 61.

Liebe und Wissen als Fixstern

Zur Erinnerung: Das bedeutet nicht, dass Sie nicht drei Häuser und einen teuren Wagen besitzen dürfen. Es ist ein menschliches »Lattenzaun-Programm«, dass man nicht reich sein darf. »Da oben« jedoch kümmert das niemanden. Wenn Sie es gern bequem haben, warum nicht? Es gibt kein Entweder-oder. Im »Drüben« existieren keine Anti-Reichtums-Programme, denn dort ist klar, dass alles Überfluss ist.

Ein letzter Gedanke hierzu: Im tibetischen Buddhismus gibt es Klosteräbte, die angeblich bereits mehrere Reinkarnationen hinter sich haben und voraussagen können, wann sie das nächste Mal wiedergeboren werden. Sie verfassen vor ihrem Tod einen Brief, der in einen Beutel eingenäht wird. Tritt der Tod dann ein, wird der Beutel geöffnet und man macht sich anhand der enthaltenen Hinweise auf die Suche nach der Reinkarnation. Darüber gibt es hochinteressante Berichte, so zum Beispiel auch über die Suche nach dem jetzigen Dalai Lama, die sogar verfilmt worden ist. Dort ist einiges zu sehen, was sich nicht so leicht »wegerklären« lässt. **Und falls es diese Dinge gibt, wäre es nicht schlecht, sich damit ein wenig zu befassen.** Doch das ist nur ein Angebot. Ob Sie es annehmen, entscheiden Sie!

Wollen Sie das Angebot annehmen?

Das Energie-Modell

Für die PRAGMATIKER unter Ihnen möchte ich das, was ich gerade ausgeführt habe, noch einmal anders erklären, nämlich anhand eines ENERGIE-MODELLS:

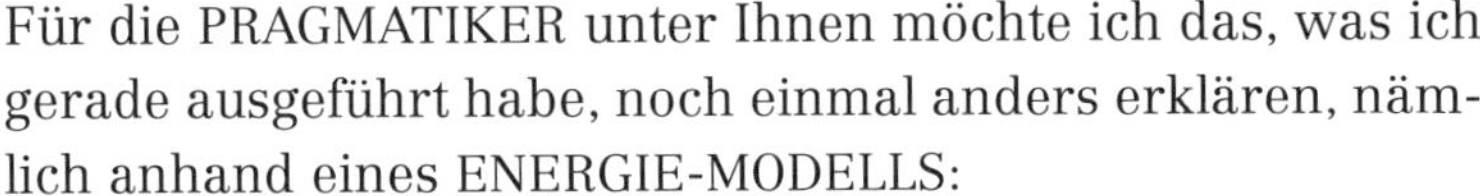

A B C D E
ENERGIEN

Stellen Sie sich Ihren **Energiehaushalt**, also die Energien, die Sie unabhängig von Ihrem Energiepotenzial haben, als eine Reihe von **Kästchen** (beschriftet mit A bis E) vor, in denen die Energie enthalten ist.

Das Kästchen **A** steht für **Automatismen** wie Atmung, Verdauung usw., die vollautomatisch ablaufen. Das nächste Kästchen sind die **B-Energien**, die für Ihr **Selbstwertgefühl**, genauer gesagt Ihr Ich-Wert-Gefühl, benötigt werden. Darüber hinaus gibt es das Kästchen mit **C-Energien** (die wir an dieser Stelle überspringen) sowie jeweils ein Kästchen mit **D-** und **E-Energien**.

Bei **E** haben Sie die Energien für **lebenslanges Lernen**. Je mehr wir für **A** und **B** verbrauchen, desto weniger neugierig sind wir, etwas hinzuzulernen, mit unseren »Kaugummikugeln« zu spielen oder den Blick zu erweitern. Das lässt sich zum Beispiel gut erkennen, wenn wir krank sind. Dann benötigen wir all unsere Energien zur Überwindung der Krankheit und wir haben keine Lust, uns mit geistigen Tätigkeiten zu beschäftigen.

Erst der D- und E-Bereich machen unser Leben lebenswert

Die **D-Energien** benötigen wir für die **Durchführung** unserer **Arbeit.** Und das umfasst nicht nur bezahlte Arbeiten, sondern auch die Tätigkeiten, die wir in unserer Freizeit ausführen – also auch viele Dinge, die wir gern tun. Trotzdem gibt es Zeiten, in denen wir dafür absolut nicht zu begeistern sind. Der Grund: Wir haben keine Energie dafür frei, keinen Tropfen. Und dann fallen diese Dinge bei den meisten Menschen hinten runter …

Sie sehen auch ohne den ganzen spirituellen Überbau ganz deutlich: Je weniger Energien Sie in **B-Energien** (mit »Lattenzaun-Kämpfen«) verschwenden, desto mehr Energien werden frei für **D und E**. René EGLI ist Ökonom und er sagt, dass er es eben ganz ökonomisch sieht: »Es ist unökonomisch, anders vorzugehen!« Da hat er vollkommen recht!

Haushalten Sie mit Ihrer Energie

EXKURS: Warum wir die Dinge so gern »im Griff haben«

Nun möchte ich Ihnen noch einen Gedanken zu dem Thema anbieten, warum wir die Dinge so gern »im Griff haben« möchten – genauer gesagt, warum unser **kleines ICH** das so gern möchte.

In Afrika fängt man Affen, indem man eine **Kalebasse**[11] mit Nüssen füllt, welche die Affen gern mögen. Streckt der Affe nun seine Hand hinein und greift nach den Nüssen, *steckt er fest*, da seine mit Nüssen gefüllte Hand nicht durch die Öffnung passt. Um sich zu befreien, müsste er die Nüsse nur **loslassen** (dann könnte er seine Hand wieder aus der Kalebasse ziehen), doch das macht er nicht … Geht es uns da nicht ähnlich? Immer wenn wir etwas unbedingt **im Griff haben wollen**, ballen wir unsere Hand zur Faust. Und doch haben wir letztlich nur einige NÜSSE in der Hand, nicht aber die SITUATION. Trotzdem geben wir dafür ein Stück unserer **Freiheit** auf beziehungsweise tragen das **Gewicht** der gefüllten Kalebasse mit uns herum. Manche nehmen die Hand

Freiheit vs. (scheinbare) Kontrolle

auch deshalb nicht aus dem Gefäß, weil sie **Angst** haben, jemand könnte es stehlen. Fragen Sie sich also, ob **Ihre Faust ebenfalls in einer Kalebasse steckt** und warum **Sie sich nicht befreien**.

Ein weiteres bekanntes Bild ist der **Elefant**: Wissen Sie, warum sich die Arbeitselefanten in Indien oder Afrika nicht aus ihrer Gefangenschaft befreien, obwohl Sie abends nur mit einem Seil angebunden werden (und nicht mit großen, schweren Ketten)? Weil sie einen LATTENZAUN FÜR ELEFANTEN haben. Als Jungtier zerrt er ein paarmal an dem Seil und merkt schließlich, dass er nicht wegkommt. Das **verinnerlicht** er – er ist schließlich sehr lernfähig – und probiert später gar nicht mehr, sich zu befreien. Nur wenn Feuer ausbricht, rennt der Elefant und **vergisst die »Latte«**, die besagt, dass er ja eigentlich gar nicht wegkann!

Vergessen auch Sie Ihre Latten

Welches **Feuer** muss unter **Ihrem Hintern** brennen, bis Sie fähig sind, die eine oder andere »Latte« aus Ihrem Zaun zu **entfernen**? Wenn Sie Programme suchen (siehe Seite 20ff.) und »Latten« finden, dann fragen Sie sich: »Gibt es ein Feuer? Brennt es mir unter dem Hintern?« Dann können Sie die »Latte« im hohen Bogen wegschmeißen.

Wenn es nicht brennt, beißen Sie sich an Ihrer »Latte« die Zähne aus! Dann **akzeptieren** und **lieben** Sie die »Latte«, solange Sie **innerlich noch nicht so weit sind**. Denn die »Latte« ist nicht das Problem, das Problem ist Ihr **eigener Widerstand**. Diese Prozesse haben bei mir sehr lange gedauert, das muss bei Ihnen ja nicht auch der Fall sein, ehe Sie **erkennen**, worum es geht.

Akzeptanz statt Widerstand

Ihr persönlicher Fixstern-Brief

Jetzt im Moment haben Sie möglicherweise einen **Vorsatz**, irgendeinen **Gedanken**, der Sie **interessiert** beziehungsweise den Sie **aufgreifen** möchten. Gibt es etwas, von dem Sie sagen **»Damit möchte ich mich näher befassen! Das**

möchte ich tun! Das möchte ich anders machen!«? Dann schreiben Sie es in Stichworten auf! Sie haben **3 Minuten** Zeit dafür. Dabei ist es egal, aus wessen Perspektive Sie den Brief verfassen: Ihr **kleines ICH** kann an die **Seele** schreiben. Die Seele kann dem **kleinen ICH** schreiben. Das **kleine ICH** kann dem **kleinen ICH** schreiben. Das entscheiden Sie!

Fertig? Gut! Nun falten Sie das Blatt und stecken Sie es in ein Kuvert, das Sie an sich selbst adressieren. Geben Sie den Brief in vier Wochen auf. Wenn er bei Ihnen ankommt, wird er Sie an Ihre(n) Gedanken von damals erinnern und Sie können sehen, was Sie damit angefangen haben.

Ich vermute, Sie sind jetzt ein wenig **verwirrt** und vielleicht haben Sie gar nicht gewusst, was Sie schreiben sollen. Das war natürlich **Absicht**! Wenn ich Ihnen genau sage, was Sie schreiben sollen, dann ist das wie in der Schule in der 2. Klasse, dann ist es **nicht für Sie**. Selbst wenn Sie nur geschrieben haben »Ich bin gerade verwirrt. Ich will über die Dinge noch einmal in Ruhe nachdenken«, dann ist das viel wichtiger als irgendeine Vorgabe von mir.

Nehmen Sie sich Zeit zum Nachdenken

So erreichen Sie Ihre Ziele

Ich möchte Ihnen jetzt die **drei Spielregeln** erklären, die zu einer **Zielerreichung** führen. Manche kennen vielleicht die drei Spielregeln, die ich FRÜHER erklärt habe. Das sind Spielregeln für ein möglichst erfolgreiches **kleines ICH**. Im Gegensatz dazu möchte ich Ihnen nachfolgend die Spielregeln für das **höhere Selbst** erklären. Das sind **ebenfalls drei, aber andere**.

Die alten Spielregeln – die Regeln für das erfolgreiche **kleine ICH**[12] – lauten:

1. Sie müssen sich das Ziel klar vorstellen können!
2. Das Ziel muss konkret sein! »Ich will reich werden« ist zu ungenau. So werden Sie Ihr Ziel nicht erreichen.

Spielregeln ALT

3. Sie müssen das Ziel positiv formulieren! Wenn ich zu Ihnen sage »Denken Sie 14 Sekunden lang **nicht** an eine **weiße Maus**!«, dann wissen wir alle, woran Sie denken. Wenn Sie sagen: »Ich trinke kein Bier!«, dann denken Sie den ganzen Abend an das Bier, das Sie nicht trinken wollen. Negative Formulierungen sind Eigentore.

Spielregeln NEU

Gemäß den **neuen Regeln** fragen Sie sich bei jedem Ziel, das Sie anvisieren:

Frage 1: Ist es ein Objekt- oder ein Metaziel?

Dient Ihr Ziel dem **kleinen Ich** oder ist es für Ihre Gesamtheit? Beides ist legitim. Sie entscheiden, was Sie wollen. Sie müssen nur zur Kenntnis nehmen, dass derjenige, der sich nur auf OBJEKTE konzentriert und ausschließlich OBJEKT-SPIELE spielt, immer am Objekt, also an der **Materie, haftet**. Seine **Entwicklung als Mensch** fördern diese Ziele nicht, genauso wenig wie die Beziehungen zu anderen.

Versuchen Sie also, dass Ihre **Objektziele** stets auch ein bisschen »Meta« enthalten beziehungsweise sie mit einem Fixstern verbunden werden, sodass Sie eine Grundlage haben. Denn dann agieren Sie aus Ihrem innersten Inneren heraus. Dann haben Sie einen sicheren Standpunkt, der aber flexibel und groß ist.

Siehe auch Seite 25

Das ist der **»Griff in Ihrer eigenen Hosentasche«**, der immer mit Ihnen wandert. An dem können Sie sich jederzeit festhalten, so wie sich manche an einem Stift oder an ihrer Brille festhalten.

Die **erste Regel** lautet also: Ist Ihr Ziel zumindest ein wenig »**metazielartig**«? Wenn es um die **höheren Dinge** geht, folgt alles andere in der Regel von selbst, weil wir in entsprechende Energieströme hineingeraten und per **Resonanz** das anziehen, was wir erreichen wollen. Handelt es sich dabei ausschließlich um Geld, kann es sein, dass wir ständig mit Geld zu tun haben. »Geldsorgen haben« bedeutet auch, dass wir ständig mit Geld beschäftigt sind. Das ist nur die Objektebene …

Frage 2: Befindet sich das Ziel in Harmonie mit Ihrem Fixstern?[13]

Lautet die Antwort auf diese Frage »Ja«, werden Sie unerhörte **Energie** entwickeln können. Dann kommt der Effekt zum Tragen, dass das Ziel wie ein **Magnet** wirkt und Sie anzieht. Der Weg zum Ziel ist dann vergleichbar mit einem Spaziergang bei Sonnenschein und mit Rückenwind. Sie kommen mit etwaigen Problemen sehr schnell und leicht klar, weil Sie eine entsprechende innere Haltung haben.

Sie sind der Meinung, diese Fragen **kosten Sie zu viel Zeit**? Dann möchte ich Ihnen noch eine **Metapher** anbieten. Haben Sie schon einmal die Geschichten von TILL EULENSPIEGEL gelesen? Es lohnt sich auf jeden Fall!

Till EULENSPPIEGEL

EULENSPIEGEL hat den Menschen den Spiegel vorgehalten. Eines Tages war er zu Fuß im Wald unterwegs, da kam eine Kutsche angefahren. Der Fahrer war sehr in Eile und schrie EULENSPIEGEL zu: »Wie lange brauche ich noch zur Stadt?« Dieser antwortete: »Wenn Sie langsam fahren, 10 Minuten!« Nach einer Weile kam er um die nächste Wegbiegung und da lag die Kutsche mit gebrochener Achse im Graben. Da sagte EULENSPIEGEL: »Ich hatte Ihnen gesagt, wenn Sie langsam fahren, 10 Minuten!«

STORY

Und wie oft kämpfen wir? Wie oft werden wir durchgerüttelt? Wenn wir die Strecke in Zeitlupe nehmen würden, dann würden wir, die Kutsche und die Räder nicht leiden. Dann könnten wir vielleicht auch erkennen, dass es noch einen anderen, besseren Weg gibt. Da wir aber schnell daran vorbeifahren, bemerken wir das erst viel zu spät. Und Umkehren kostet noch mehr Kraft, also weiter!

Ja, diese Fragen hier kosten etwas Zeit, das stimmt. Aber ich glaube, es ist eine Milchmädchenrechnung, wenn wirsagen: »Die Zeit dafür habe ich nicht!« Schließlich kostet ein Weg voller Schlaglöcher – oder schlimmstenfalls eine gebrochene Achse – deutlich mehr Zeit.

Es ist Ihre Wahl.

Frage 3: Welche Resonanz baue ich im Verhältnis zur Umwelt auf?

Hier geht es um die **Harmonie** in Ihrem Inneren, also zwischen dem **kleinen ICH** und der **Seele**. Nehmen wir an, Sie hätten ein Ziel, bei dem Sie sagen: »Jawohl, es verfügt über genügend Metaziel, auch wenn es um objektive Dinge geht!« Zudem befänden Sie sich in Harmonie mit dem Ziel, wären also nach Ihrem Leben durchaus zufrieden damit. Dann jedoch stellen Sie fest, Sie können dieses Ziel nur erreichen, wenn Sie mit ein paar Kriminellen zusammenarbeiten.

Denken Sie daran: Was Sie umgibt, prägt Sie!

Fragen Sie sich also: Welche AUSSENRESONANZ baue ich auf? Mit welchen Menschen muss ich Kontakt haben? Sind das Menschen, mit denen ich Kontakt haben möchte? Will ich mich mit diesen Menschen umgeben?

Es kann sein, dass Sie an dieser Stelle sagen: »Vielleicht besser doch nicht! Gibt es noch einen anderen Weg, auf dem ich das erreichen kann?« Und plötzlich fällt Ihnen eine ganz andere Gruppe auf oder zu (die sogenannten ZU-fälle), mit der Sie Ihr Ziel in Übereinstimmung mit Regel 1 und 2 erreichen können. An diese Menschen hatten Sie bisher nie gedacht, ehe Sie sich diese Frage stellten. Dann kommen die günstigen Gelegenheiten und Sie treffen auf die richtigen Menschen. Sie müssen nur wissen, was Sie wollen!

WICHTIG

Das **kleine ICH** benötigt Ziele, die minutiös vorgegeben sind. Das **höhere Selbst** (oder wie immer Sie es nennen wollen) dagegen will lediglich einen groben Rahmen wissen, in dem wir uns frei bewegen können. Es lässt Ihnen viel Flexibilität im jeweiligen HIER und JETZT. Ein **Beispiel**: Sie wissen, dass Sie nach **Rom** wollen. Sie wissen, **warum** Sie nach Rom wollen. Sie wissen, dass Sie **sehr glücklich sein werden**, wenn Sie dort ankommen. Schließlich wissen Sie, in welcher **Begleitung** Sie nach Rom reisen wollen beziehungsweise nicht reisen wollen (Kriminelle). Jetzt können Sie sich hinsetzen, den **»weiten Blick«** üben und auf die **»Zufälle«** warten, die garantiert Ihres Weges kommen. Wir alle kennen Menschen, die das – unbewusst – immer schon getan haben. Und irgendwie beneiden wir die ein bisschen. Dann aber

Siehe MERKBLATT 5, Seite 101f.

sagen wir uns: »Den Zufall kann man nicht planen, darum plane ich lieber alles ganz genau!« Das ist das »Im-Griff-haben-Wollen«, bei dem Sie so viele Chancen nicht hören und sehen.

Sie können jederzeit ein **Einzelziel** wählen, es genau visualisieren und all diese Schritte durchlaufen. Dagegen spricht überhaupt nichts. Aber den Fixstern, die große Richtung, den können Sie nur so angehen: »Rom, ja!« Legen Sie sich nicht fest, ob Sie mit dem Zug, dem Flugzeug oder mit dem Auto fahren. Sie wissen, warum Sie nach Rom wollen. Sie wissen, welche Metaziele mit Rom zusammenhängen. Dann gewinnen Sie vielleicht »zufällig« morgen in irgendeiner Lotterie ein Auto, mit dem Sie dann die geplante Reise machen. Wie gut, dass Sie noch kein Zugticket gekauft haben!

Einzelziel vs. Fixstern

Das haben Sie bestimmt schon einmal in einem **kleineren Rahmen** erlebt: In dem Moment, in dem Sie innerlich losgelassen haben, sind die Dinge auf Sie zugekommen. Und wenn Sie sich ganz fest immer wieder daran erinnern, kann Ihnen das auch im **ganz großen Rahmen** passieren. Darum sagen wir ja: »Glück hat auf die Dauer nur der Tüchtige!« Und der »Tüchtige« ist in diesem Fall derjenige, der sich bewusst oder unbewusst auf seine Ziele eingestellt hat. Dann passieren Zeichen und Wunder.

Das Glück des Tüchtigen

Dazu benötigen wir jedoch den »**weiten Blick**«. Er hilft uns, diese Geisteshaltung zu erlernen. Je schwerer er Ihnen fällt, desto sinnvoller ist es, dass Sie ihn trainieren (siehe MERKBLATT 5). Doch gerade weil er Ihnen schwerfällt, haben Sie vermutlich keine Lust dazu. Das ist dann **Ihre Entscheidung**.

Zurück zum Anfang

An dieser Stelle möchte ich mit Ihnen noch einmal einige der **Aussagen** durchgehen, mit denen Sie in das Thema eingestiegen sind (siehe Seite 12):

Das Leben wäre viel schöner, wenn ...

Eine Seminarteilnehmerin hat mir erzählt, dass sie solche Dankmeditationen seit einigen Jahren durchführt, wobei sie die Formulierung »Ich bin Dank!« benutzt. Es ist ihr ausgezeichnet bekommen.

... wir die **Liebe** besser integrieren könnten. Und da **Dank der kleine Bruder der Liebe** ist (siehe Seite 39), könnten wir damit beginnen, regelmäßig jeden Tag mehrmals ganz bewusst **Dank zu empfinden**. Sie werden in Bezug auf Ihre Energie eine deutliche Veränderung spüren.

Probieren Sie es einfach: Sind Sie **gestresst, verärgert** oder **frustriert**, stellen Sie sich 3 Minuten lang voll auf all die Dinge ein, für die Sie **dankbar** sein können. Sie werden sehen, das verändert sofort Ihre Haltung. Sie entkrampft sich, der Atem fließt und Sie können nach Ablauf der 3 Minuten wieder agieren.

Solange Sie sagen »Wenn in der Umwelt etwas besser laufen würde, ginge es mir gut!«, sind Sie in der Position derer, die sagen: »Wenn es außen angenehmer wäre, dann könnte auch ich erfolgreich sein!« Das ist aber nicht die **Einstellung des erfolgreichen Menschen**.

Der Erfolgreiche versucht immer, das Bestmögliche zu erreichen, indem er sich den **positiven Energien öffnet**, die vorhanden sind, wenn er nicht ständig Widerstand leistet und negative Energien um sich herum verbreitet (mit denen er dann wieder kämpfen muss, weil sie reflektiert werden). **»Verantwortung übernehmen für«** lautet hier die Spielregel.

Das Selbstwertgefühl hängt vor allem ab von ...

Der Seele Raum geben

Wir wissen jetzt, dass es sich dabei eher um das Ich-Wertgefühl handelt. Wenn wir dem **Selbst** oder der **Seele** Raum geben, geht es uns gut – auch dem **kleinen ICH**. Das sind die

Freiheiten, die wir uns selbst geben können. Damit schaffen wir eine andere **Resonanz** in uns. Und auf einmal empfangen wir auch andere »Sender«, nicht nur »Kriegsberichte«. Plötzlich empfangen wir »klassische Musik«. Warum? Weil wir unsere Sender anders eingestellt haben. Wenn Sie nur auf »Kriegsberichte« warten, bekommen Sie diese auch.[14]

Information als Ware

Neil POSTMAN hat in seinem Buch *Wir amüsieren uns zu Tode* festgestellt, dass ab dem Zeitpunkt, als **Information zur Ware** wurde, es keine Rolle mehr spielt, ob diese für den **Einzelnen** wichtig ist – Hauptsache, sie wird als WARE VERMARKTET. Wenn Sie ein **Programm** im »Lattenzaun« haben, dass man jeden Tag die Nachrichten sehen muss, dann wackeln Sie einmal an dieser »Latte« (bei mir hat das auch sehr lange gedauert). Überlegen Sie bitte Folgendes:

Wenn in Chicago eine Lagerhalle abbrennt – sagt Neil POSTMAN –, welchen Wert hat die Information für Sie? Antwort: Null! Außer Sie sind der Besitzer der Lagerhalle, aber dann erfahren Sie es über Ihre Versicherung sowieso. Deswegen brauchen Sie nicht Nachrichten zu schauen. Das, was **wirklich wichtig** ist, **erfahren Sie immer**, weil Ihre Nachbarn, Kollegen und andere darüber sprechen. Wenn die fragen: »Hast du schon von dem neuesten Kidnapping gehört?«, dann können Sie sagen: »Tut mir leid, das interessiert mich nicht!« Ich bin überzeugt davon, dass die **MOLOCH-Spieler** (nach dem Motto »Lieber ein bekannter Krimineller als ein unbekannter anständiger Mensch«) ständig animiert werden, weil sie laufend hören, wie erfolgreich solche Aktionen sind… Wie dem auch sei, Sie **müssen** sich dem **nicht aussetzen**. Sie können diese **Zeit weit besser nutzen**:

Wer bis jetzt jeden Abend **Nachrichten** geschaut hat, kann folgendermaßen vorgehen: Setzen Sie sich hin, schalten Sie die Nachrichten an, aber ohne Ton, und drehen Sie sich halb weg, damit Sie sie nicht wahrnehmen. Während die Nachrichten laufen, lesen Sie Bücher, die Sie spirituell weiterbringen. Das ergibt bei 20 Minuten am Tag etwa 12 volle Arbeitstage pro Jahr. Das ist doch nicht schlecht!

Es ist der schnellste Weg, einige wichtige Programme zu finden, wenn Sie sich fragen: »Womit habe ich regelmäßig Probleme?«

Ich hätte weniger Probleme, wenn ...

Nehmen wir einmal das Wort PROBLEM näher unter die Lupe, weil wir oftmals glauben, dass Probleme uns daran hindern, irgendwelche Ziele zu erreichen. Wenn Sie sagen »Ich habe ein Problem!«, fragen Sie sich als Erstes: **»Welche Latte in meinem Lattenzaun ist betroffen?«** Die meisten Probleme haben mit dem **»Lattenzaun«** zu tun, die wenigsten mit der **objektiven Realität**.

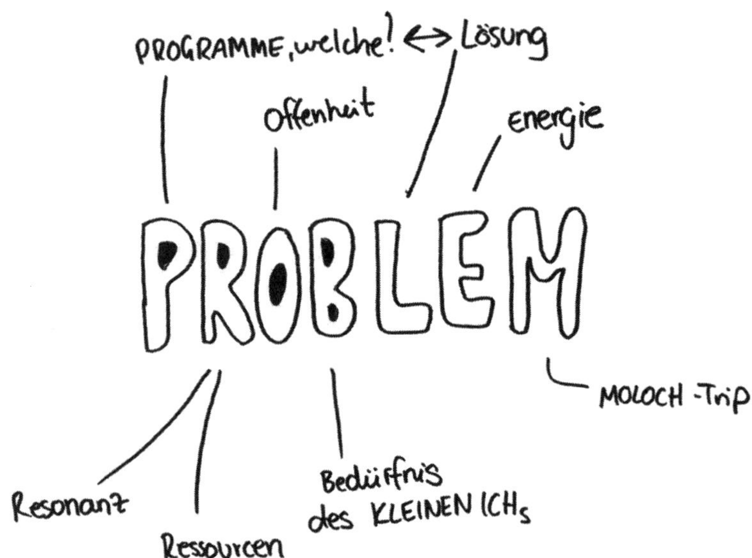

Ich zum Beispiel hatte jahrelang **Probleme mit Lärm**. Es fing während meiner Zeit in Amerika an. Die letzten zwei Jahre dort wohnte ich in einer billigen Wohnanlage in der Nähe des Flughafens. In den USA gibt es kein Nachtflugverbot, also war es am Tag und in der Nacht laut. Aber ich war damals noch **Studentin**, hatte wenig Geld und habe den **Lärm akzeptiert**, weshalb ich auch nicht unter ihm gelitten habe.

Dann kam ich zurück nach Deutschland. Ich hatte eine Wohnung am Harras in München, die mir mein Vater besorgt hatte. Doch schräg gegenüber wurden nachts immer Waren angeliefert, weshalb ich mein Schlafzimmerfenster nicht mehr aufmachen konnte. Sie wissen ja, ab und zu mal ein Geräusch ist schlimmer als Dauergeräusche … Also zog ich dort weg. Ich wollte sowieso nach Schwabing zurück.

Dann wohnte ich in der Nähe einer großen Kreuzung. **Tagsüber** war das **kein Problem**, denn als »Stadtmensch« war ich ein **gleichbleibendes Verkehrsgeräusch** seit meiner Kindheit gewohnt. Aber dass an dieser Kreuzung nachts um drei Uhr Kavalierstarts und ähnliche Dinge mich wieder daran hindern würden, bei offenem Fenster zu schlafen, war nicht abzusehen. So zog ich nach Odelzhausen – ein ruhiges, beschauliches Dorf, dachte ich. Doch die Wohnung war etwas näher an der Autobahn, als man vom ersten Eindruck her vermutet hätte. Ich konnte also wieder nicht bei offenem Fenster schlafen.

Da bin ich **innerhalb des Ortes** umgezogen. Dort wohnte gegenüber jedoch ein Junge von zehn Jahren, der seinen Ball stundenlang gegen das metallene Garagentor kickte, weshalb ich **erneut umzog**. Als Nächstes bin ich ins Gewerbegebiet gezogen, ein stilles Gewerbegebiet, in dem auch alle ruhig waren, außer die Hausbesitzer in dem Haus, in dem ich wohnte. **Und zu diesem Zeitpunkt wurde ich wach**!

Was für ein Problem haben Sie regelmäßig? Meines war »Lärm«. Solange Sie sich nicht damit auseinandersetzen, wird das Problem Sie verfolgen. Manche sagen, sogar durch mehrere Leben hindurch, wenn nötig, bis Sie die Lektion gelernt haben.

Ich habe mir gesagt: »Okay, als ich noch am *Flughafen* gewohnt habe, habe ich den Lärm akzeptiert und nicht darunter gelitten. Der war aber *viel stärker* als der Lärm jetzt!« Die anderen Lärmsituationen waren wesentlich harmloser, von mir aber nicht akzeptiert (**Widerstand**). Also habe ich mich mit dem Lärm auseinandergesetzt. Was **bedeutet** der Lärm? Er bedeutet, dass irgendwelche Menschen **keine Rücksicht** darauf **nehmen**, dass ich es gerade ruhig haben will. Die ganze Welt **respektiert nicht**, dass Frau Vera F. Birkenbihl jetzt gerade lesen möchte und eben keine Musik nebenbei laufen hat. Vielleicht will sie auch gerade meditieren. Und genau dann fährt jemand mit dem Motorrad im Hof herum! Vor 10 Minuten hatte ich noch den Computer an und die Musikanlage laufen, da hätte ich es gar nicht gemerkt. Aber jetzt!

Fragen Sie sich, welches Programm, welche »Latte« betroffen sein könnte. Das tut im ersten Moment weh und ist ein bisschen schwierig, aber es **lohnt sich**, weil das »Latten« sind, die ganz schön **dick und breit** sind. Doch seit ich sie los bin, habe ich keine »**Lärmprobleme**« mehr. Natürlich lebe ich auch jetzt nicht in einer Umwelt, die **keine Geräusche** mehr produziert, aber ich kann jetzt **damit umgehen**. Immer wenn Sie ein Problem haben, bei dem Sie die **äußere Welt** nicht ändern können, können Sie nur Ihre **eigene Einstellung** ändern. Wenn Ihnen das gelingt, ist das Problem gelöst. Das steht für das **P**.

Programme/ Problemlösung

R: Welche **Ressourcen** habe ich bei der Lösung dieses Problems bisher noch nicht in Betracht gezogen? Und welche **Resonanz**? Als ich noch mit dem Lärm **gekämpft** habe, habe ich immer eine völlig **vergiftete Resonanz** erzeugt, die ich natürlich zurückbekam – böse Blicke, wenn ich dem Hausbesitzer im Korridor begegnet bin, und Ähnliches. Das sind die **RESONANZ-Fragen**, die damit einhergehen. Stellen wir jetzt unseren Sender wieder auf »Kriegsgeräusche« ein, dann brauchen wir uns nicht zu wundern, wenn wir keine »klassische Musik« empfangen. Das liegt an uns.

Ressourcen/ Resonanz

Das **O** steht für die **Offenheit**. Bin ich wirklich »offen« in der Sache? Ich habe gemerkt, dass ich so »zu« war, dass es schlimmer gar nicht ging.

Offenheit

E: Was ist mit der **Energie** los? Wenn ich damit leben lerne, meine Einstellung ändere oder etwas aktiv unternehme, um der Situation ein für alle Mal zu entfliehen, ändert sich energiemäßig sehr viel. Das spielt alles zusammen.

Energie

B: Ist es ein **Bedürfnis** des **kleinen ICHs**? Wenn ja, welches? Das ist ein »**Moloch-Trip**«, wenn außer mir keiner Geräusche machen darf, weil ich gerade schlafen, meditieren oder lesen möchte und sich bitte schön die ganze Welt danach zu richten hat. »Denn wenn ich verreist bin, kann der seinen Ball ja ans Garagentor kicken!«, habe ich immer gesagt. Nur eben nicht, wenn ich da bin …

Bedürfnis des kleinen ICHs

Evolution/ Entwicklung

E: Was ist mit **Evolution/Entwicklung**? Ich war jahrelang nur blockiert. Null Entwicklung! Nur Blockade! Das war auch das, was mir ständig widergespiegelt wurde.

Siehe MERKBLATT 1, Seite 74ff.

Fertigen Sie ein **KaWa** und denken Sie in der Weise über die Dinge nach. Sie bekommen einen **neuen Zugang, neue Einsichten**. Folglich können wir sagen: »Ich hätte weniger Probleme, wenn ich lernen würde, das SCHLÜSSELWORT des Problems auf diese Weise zu durchdenken! Denn dann würde ich vieles erkennen.« Und bei den **Problemen, die übrig bleiben,** sagen Sie sich: »Ich danke dir, dass du mir klarmachst, dass ich mit der Situation noch nicht umgehen kann – aber das akzeptiere ich!«

In seinem Buch *Der Erleuchtung ist es egal, wie du sie erlangst* sagt der Autor Thaddäus GOLAS: »Liebe dich! Wenn du dich nicht lieben kannst, dann liebe dich dafür, dass du dich nicht lieben kannst! Wenn du auch das nicht kannst, liebe dich dafür, dass du dich nicht lieben kannst, weil du dich dafür nicht lieben kannst!« Egal auf welchem Umweg, wenn Sie mit sich **ins Reine kommen**, ändert sich das **sogenannte Problem**, das ständig auftaucht.

Jesus und die Wange

Pragmatisch

Wenn Sie es ganz **pragmatisch** sehen, dann sagen Sie: »Ich lasse ihn ins Leere laufen, wenn ich ihm die andere hinhalte. Er kommt auf alle Fälle ins Schwitzen. Ich bin nicht mehr der **Partner**, mit dem er diese Spiele spielen kann!«

Spirituell

Oder Sie sehen es **spirituell** und sagen »Ich wende ihm meine Liebe zu« – ganz nach dem Motto: Du sollst deine Feinde lieben. Jeder Mensch ist entweder mein Freund oder mein Coach (siehe Seite 36f.). Ich kann dann sagen: »Mal wieder eine Trainingsstunde!« Und wenn mir das nur ab und zu gelingt, freue ich mich.

Intelligenz des Herzens

Über die **Liebe** haben wir schon einiges gesagt. Ich erinnere noch einmal daran, dass es die **Intelligenz des Herzens** ist. Die Grundidee dahinter ist eine **Tat**, eine geistige oder

Herzenstat. Die Liebe ist nicht zu verwechseln mit den Gefühlen, die physiologisch in uns produziert werden, wenn wir Dinge toll oder nicht toll finden. Was dann auftaucht, sind die Emotionen, die mit Hormonen einhergehen usw. Wenn die Liebe strahlt, dann kommt eine Flut von Freudehormonen in unser System. Das hat physiologische Auswirkungen.

Aber die **bedingungslose Liebe** ist nicht hormonell produziert. Die Verbindung zwischen Hirn und Herz führt zur bedingungslosen Liebe. Es ist eine geistige Tätigkeit. Der **innere Frieden** beginnt in uns. Der Blick auf den Fixstern kann Ihnen dabei sehr helfen.

R wie Resonanz, A wie Achtsamkeit, T wie Transzendenz

Darf ich Ihnen zum Ende noch einen **RAT** geben?

Ich kann nur über mich **hinauswachsen**, wenn ich **akzeptiere**, wo ich heute stehe. Das ist eine der **wichtigsten Regeln**. Je mehr Sie sich akzeptieren trotz »Latten«, die das eigentlich verbieten, desto mehr schwächen Sie diese »Latten«.

Vergessen Sie eines nicht: Wenn wir uns **seelisch wohlfühlen**, fühlt sich das **kleine ICH** auch wohl. Natürlich meckert es zunächst, weil da eine »Latte« ist. Danken Sie ihm dafür und sagen Sie ihm: »Lass mich einfach mal machen und warte ab!« Und auf einmal badet es sich in diesen Dankesgefühlen und sagt: »Hätte ich gar nicht gedacht, das ist eigentlich sehr angenehm! Das kannst du öfter machen!«

Je mehr Sie sich akzeptieren, desto mehr akzeptieren Sie die Welt.

Es gibt eine Geschichte von **BRAHMAN**, die ich an dieser Stelle gern erzähle: Man sagt in Indien, dass Gott, als er die Welt erschaffen hatte, sie nach einer Weile ein bisschen langweilig fand. Da hat er mit sich selbst Verstecken gespielt. Er hat sich in Tausende von Teilen geteilt, die er alle versteckt hat. Dann begann er mit der Suche nach sich und hat im Laufe der Zeit hier ein Teilchen gefunden und dort ein Teilchen… Das Spiel spielt er heute noch. Daher wissen wir nie, wo er beziehungsweise Teile von ihm gerade stecken. Sie könnten genau in dem ASYLANTEN oder AUSLÄNDER usw. sein, den wir gerade abzulehnen bereit sind. Wir wissen es nicht. Er kann aber auch **in uns** sein.

Letzter Gedanke

Man erzählt sich, dass die hohen Geister einmal überlegt haben, wie sie **»das Wahre«** am besten vor dem Menschen verstecken. Der eine hat gesagt: »Ganz hoch in den Bergen. Wenn die sich vom Neandertaler langsam entwickelt haben, dann werden sie die Berge erklimmen und dann finden sie es!«

»Nein«, sagte der andere, »das könnte zu früh passieren! Tief im Meer ist weit sicherer!«

»Nein«, sagte der Nächste, »da bauen die Menschen dann irgendwelche Boote und finden es zu früh!«

So haben sie verschiedene Orte durchgespielt, bis sie eine Idee hatten, wo sie das Wesentlichste für den Menschen verstecken werden: IM MENSCHEN SELBST! Das findet nur derjenige, *der nach innen blickt.* **Wenn Sie nach innen blicken, werden Sie außen wesentlich mehr Durchblick bekommen!**

MERKBLATT 1:
Anlegen von Wissens-ABC & KaWas

________ A
________ B
________ C
________ D
________ E
________ F
________ G
________ H
________ I
________ J
________ K
________ L
________ M
________ N
________ O
________ P
________ Q
________ R
________ S
________ T
________ U
________ V
________ W
________ X
________ Y
________ Z

Experiment – Vorbereitungen

1. Bitte **Schreibzeug** zurechtlegen.
2. Einen **Timer** mit Sekundenangabe (notfalls ein Küchenwecker) auf 2 oder 3 Minuten einstellen.
3. Schreiben Sie **senkrecht** am linken Rand ein **ABC** (von A bis Z).

STOPP! Alles vorbereitet?

Experiment 1: Das ABC-Spiel

1. Wählen Sie ein Thema: ____________________
2. Raten Sie, wie viele Begriffe Sie in den 2 oder 3 Minuten, die Sie sich geben wollen, schaffen werden. (Hilfestellung: Je aktiver Sie normalerweise mit diesem Thema zu tun haben, desto mehr Begriffe werden Sie »griffbereit« vor**finden**.)

Wie viele Begriffe? ____________________

Achtung, ehe Sie zu schreiben beginnen!

Das Ziel ist **nicht**, bei »A« zu beginnen und sich (verbissen) zum »Z« durchzukämpfen, sondern: Entspannen Sie sich, wandern Sie mit den Augen die Liste »rauf und runter« (wie meine Teilnehmer gern sagen). Wenn Ihnen zu »G« oder »N« etwas »einfällt«, notieren Sie dies. So erleben Sie kein systematisches »Ausfüllen« einer ABC-Liste, sondern eine Schreib-Augenwanderung.

3. Stellen Sie den **Timer** (Küchenwecker) ein! Okay.
4. Nun **starten Sie den Timer und schreiben Sie!**
5. Jetzt **zählen Sie die Begriffe:** _______________ (Anzahl)
6. Zum Schluss **vergleichen Sie** Einschätzung und Ergebnis!

Wissens-ABC Irak-Krieg

A = Anzahl/Waffen Alternativen
B = Bodentruppen, Berater der Regierungen
C = Co-Evolution
D = Diplomaten, Differenzen
E = Ethnische Konflikte
F = Frieden muss aktiv herbeigeführt werden (wie Kriege auch)
G = Golf-Region, Fallbeispiele noch und nöcher …
H = Hightech-Waffen (inkl. am Soldaten selbst)
I = Israel/Palästina-Konflikt, Irak-Konflikte (vs. Iran, vs. die Welt)
J = J
K = Krieg-/Konfliktforschung
L = Luftabwehr
M = Militärische »Auseinandersetzung«
N = Nachsorge, NATO
O = Ohne moralische Skrupel: Opfer: Zivilisten
P = Probleme nach Krieg
Q = Qualität/Waffen
R = Region
S = Stehende Heere (mod. Kriegsführung), Strategie entscheidend – vfb
T = Tägliche Einschätzungen
U = Überlegene Waffen, UNO
V = Völkerrechtler
W = Wissenschaftler
X = X
Y = Y
Z = Zivilbevölkerung

Wichtig ist, dass jeder Begriff, den wir hinschreiben, nur uns selbst etwas »sagen« muss. Wenn man die Liste mit anderen Spielern vergleicht, muss man vielleicht hier und da erklären, was ein Wort bedeutet.

Es gibt grundsätzlich zwei Arten von ABC-Listen:

1. **Schnelle Stichpunkte** (siehe links)

und

2. **Eine ange-REICH-erte Liste** (mit kurzen Kommentaren).

Die Liste (links) ist die erste schnelle Liste, die ich zu dem Thema anlegte, als ich das Ende einer interessanten TV-Dokumentation zum Irak-Krieg »erwischt« hatte.

Als die wenigen Minuten vorbei waren, notierte ich neben jeden Begriff eine kurze **Bemerkung**. Die meisten bezogen sich auf das Gesehene und Gehörte, hier und da fügte ich eigene Assoziationen hinzu. Diese sollten wir jeweils kenntlich machen, sodass wir später immer wissen, welche Ideen nicht Teil unserer Paraphrase der Botschaft (hier der Sendung) sind. Im Fallbeispiel habe ich sie mit »vfb« gekennzeichnet. Die lange, ange-REICH-erte Liste können Sie zum Vergleich hier einsehen:

Ange-REICH-erte ABC-Liste Konfliktforschung – Was deutet auf Krieg?

Fallbeispiel: Konfliktforschungs-ABC

A = **Anzahl**/Waffen Alternativen; **Alternativen** zum Krieg…

B = **Bodentruppen; Berater** der Regierungen

C = **Co-Evolution** von Kampfeswillen und Fähigkeit durch technische Wunderwaffen (wie Gewehre, die um die Ecke schießen können)

D = **Diplomaten** (in **UNO**) versuchen, Kriege zu vermeiden; **Differenzen** zwischen NATO-Verbündeten machen Frieden schwierig bis unmöglich. vfb: Wenn die USA sich dann noch aus der UNO ausklinken, wenn diese ausnahmsweise gegen einen von den USA gewollten Krieg (Irak) ist, dann ist das sehr traurig.

E = **Ethnische** Konflikte in letzten Jahren verschärfen Lage, Arabien vs. West, Islam vs. Christliche, wobei (vfb) die Fundamentalisten aller Religionen gleich intolerant und gemeingefährlich sind. Es ist äußerst gefährlich, über die islamistischen herzuziehen, ohne zu bedenken, welchen Ausländerhass bei uns z. B. christliche »Fundamentalisten« erzeugen können…

F = **Frieden** muss **aktiv** herbeigeführt werden (wie Kriege auch) – vfb

G = **Golf-Region**, Fallbeispiele noch und nöcher, wobei die Palästinenser den Israelis dasselbe antun wie die Israelis den Engländern damals. Da sie erfolgreich waren, finden sie ihren Kampf auch moralisch gerechtfertigt, im Sprachgebrauch der Engländer waren sie einst auch Terroristen gewesen.

H = **Hightech-Waffen** (inkl. am Soldaten selbst), s. »C«

I = **Israel**/Palästina-Konflikt, **Irak**-Konflikte (vs. **Iran**, vs. die Welt)

J = J

K = **Krieg**- und Konfliktforschung: Parallelen zwischen beiden. Ein Krieg ist eine Variante von Konflikt, können daher Maßnahmen der Konfliktforschung hier zum Tragen kommen?

L = **Luftabwehr** extrem wichtig

M = **Militärische** »Auseinandersetzung«: Muss es immer ein »Krieg« sein?

N = **Nachsorge** meist nicht existent (vgl. Afghanistan damals, als die Russen es verließen, hat sich niemand gekümmert, nicht die freie Welt noch Amerika. Heute dasselbe: viel zu wenig Hilfe, um das Land endlich aufzubauen …). Na ja, dort gibt es halt keine Bodenschätze …; NATO

O = **Ohne** moralische Skrupel: Kriegstreiber wie Bush (sen. **und** jr.); **Opfer**: Zivilisten (a) durch Verletzungen und Tote im Krieg und durch Minen später, sowie b) in der Nachkriegszeit, wenn es an allem fehlt und wieder eine Generation von Kindern sich suboptimal entwickeln wird (geistig/intellektuell wegen Unterernährung, Krankheiten etc.)

P = **Probleme** nach dem Krieg: Viele wurden vorher nicht bedacht, wiewohl sie absehbar waren (z. B. Post-Kriegs-Afghanistan, Irak etc.); vfb: Wie heißt es so schön: Die USA haben zwar den Krieg gewonnen, nicht aber den Frieden …

Q = **Qualität** der Waffen heute wichtiger als Anzahl (s. »A«) Waffen/Soldaten

R = **Region** gesamte: in Brand stecken

S = **Stehende** Heere (moderne Kriegsführung); Strategie entscheidend – vfb

T = **Tägliche** Einschätzungen der Kriegs-Wahrscheinlichkeit: *Washington Post*; diese Veröffentlichungen beeinflussen die Kriegs-Chance ebenfalls! Heute wird die Kriegsführung in weit größerem Maß durch die Presse gesteuert als früher, als die Presse immer erst Tage oder Wochen später berichten konnte.

U = **Überlegene** Waffen (nicht unbedingt mengenmäßig,

mit weit besseren Waffen kann man auch zahlenmäßig mehr Feinden überlegen sein; das ist typisch für moderne Söldnertruppen); **UNO**

V = **Völkerrechtler** versuchen Spielregeln für Kriege zu finden (z.B. Genfer Konventionen). Derzeit besteht die große Debatte, ob man einen »pre-emptive strike« zulassen darf. Wenn ja, dann könnten in Zukunft alle möglichen Länder alle möglichen anderen Länder einfach so mit Krieg überziehen, um mögliche spätere Aktionen jener Länder zu vermeiden…

W = **Wissenschaftler** befürchten, dass die Gegend auch nach einem neuen Irak-Krieg keinen Frieden finden wird, sowie dass weltweit der Terror als Reaktion auf die US-Handlungen im Irak anwachsen wird…

X = X

Y = Y

Z = **Zivilbevölkerung** ist immer das Opfer. Das begann mit dem langen Embargo, das war während der Bombardierung der USA wahr und das bewahrheitet sich im Post-Kriegs-Irak auch wieder…

Experiment 2: Das KaWa-Namens-Spiel

Schreiben Sie auf ein weiteres Blatt (quer) den **Namen** einer Person beziehungsweise eines (fiktionalen) Charakters, den Sie gut »kennen« (zum Beispiel Inspektor COLUMBO), in die **Blattmitte**. Schreiben Sie bitte möglichst große **Großbuchstaben**.

1. Diesmal **wandern Sie mit den Augen waagerecht** über die **Buchstaben** des Namens.

2. Jedes Mal, wenn Ihnen etwas einfällt (zum Beispiel eine Eigenschaft), notieren Sie dies. So könnte Ihnen bei **Dagobert Duck** zu »**G**« einfallen, dass er **geldgierig** ist, oder Sie denken bei »**B**« vielleicht an seine Eigenart, seinen Neffen Donald immer wieder zu betrügen. Also notieren Sie zum Beispiel bei »**B**« **betrügen**. Schreiben Sie immer **waagerecht**

(dies ist KEIN Mindmap) und zeigen Sie klar durch »Blasen« oder farbige Linien, **welche Assoziation zu welchem Buchstaben des Namens gehört.**

Nachdem jeder Begriff den Namen für eine Sache, einen Prozess, eine Tätigkeit etc. darstellt, können wir zu jedem erdenklichen Thema KaWas anlegen! Wir sehen: Sowohl das ABC als auch ein KaWa bieten uns immer eine **schnelle kleine Inventur** nach dem Motto: Was weiß ich? Was fällt mir heute ein beziehungsweise zu?

So können wir jederzeit zu jedem Thema feststellen, **wie »fit«** wir **derzeit** sind (oft weniger, als wir dachten). Wir können aber auch »schnell mal ein ABC oder ein KaWa anlegen«, **ehe** wir **tiefer** über ein Thema nachdenken wollen, **denn die Liste löst einen neurologischen Vorteil im Gehirn aus:** Sie zwingt die Mitarbeiter in den Katakomben, zumindest die Hände auf die Griffe der betreffenden Kästen zu legen, denn Sie arbeiten ja **mindestens 90 Sekunden** (bis 3 Minuten) lang an diesem Thema. Damit aber lösen Sie einen **neurologischen Mechanismus** aus, den wir dem Begriff des **assoziativen** Denkens zuordnen.

ABC-Listen und WORT-Bilder (= KaWas)

Beide Klassiker führen zum **Stadt-Land-Fluss-Effekt©**, das heißt, wir erzielen den **Experten-Bonus** zu **allen** Themen, die wir **häufig** SPIELEN.
Im Klartext: **Wir allein entscheiden, zu welchen Themen wir leere Denk-Wolken (Ideen-Schwärme) haben wollen und zu welchen Themen uns zufällig (haha!) regelmäßig sehr viel ein- oder zufällt.**

Das heißt: Wir denken nach und suchen Assoziationen, dabei stellen wir fest: Es fällt uns **nichts**, **wenig** oder viel ein (beziehungsweise zu). Also erleben wir dies als **Mücke oder Lücke?** Es ist unsere Entscheidung, ob wir bei »leeren« Denk-Wolken auch in Zukunft lieber Lücken als Mücken finden wollen. Man muss nicht alles wissen, richtig. Aber man könnte weit mehr wissen, als man normalerweise weiß.

Lernen wird dann sooooo gehirn-gerecht und demzufolge sooooo leicht, dass man kaum noch begreifen kann, warum man so lange gedacht hatte, Lernen müsse anstrengend sein – wir werden bald viele Mücken finden.

gehirn-gerecht

Dabei können bereits **kleinste Lern- und Trainingseinheiten extrem hilfreich** sein! Aber das kann nur erfahren, wer es **einige Wochen** lang ausprobiert und (wie ein Forscher) beobachtet, was passiert!

Was bedeutet KaWa (& KaGa) eigentlich?

Nun, als ich in den 1990ern meine Seminarteilnehmer vom logisch-rationalen, linearen Denken zum »kreativeren« **analogen Denken** hinführen wollte, entwickelte ich drei Denk-Tools: ABC-Listen, WORT-Bilder und Wort-BILDER. Komischerweise verführt uns eine ABC-Liste **NICHT** zum linearen Denken, wenn wir mit den Augen »rauf- und runterwandern« und spontan eintragen, was uns einfällt. Somit erlaubt sie **assoziatives Denken** vom Feinsten (während viele Leute annehmen, eine ABC-Liste müsse rational-logisch sein).

Vgl. zum LESEN (mit vielen Abbildungen) mein *Birkenbihls Denkwerkzeuge*, zum SEHEN mein Video-Seminar *Wortlos denken?*

Die WORT-Bilder entstehen durch freie Assoziation zu den einzelnen Buchstaben des WORTES und die Wort-BILDER dadurch, dass wir eine Idee »hieroglyphisieren«, wir zeichnen sie also. Da dieses Konzept den meisten Leuten im ersten Ansatz etwas schwierig vorkommt, möchte ich alle Interessierten bitten, sich an anderer Stelle damit zu befassen (s. Rand). Hier will ich nur feststellen: Wer ein Problem zeichnet (und sei es noch so »abstrakt«) hat es auch begriffen. Oder: Wer unfähig ist, das Problem zu »zeichnen«, hat es nicht wirklich verstanden. Diese Zeichnungen müssen für einen Außenstehenden nicht verständlich sein, wir sprechen von einer anderen Form der Darstellung. Für alle, die hier völlig falsche Ängste haben, zeigt das Video-Seminar (vgl. Rand) auf, worum es dabei geht.

Nach langem Suchen nannte ich diese **drei machtvollen Denk-Tools** zusammengefasst **ANALOGRAFFITI**©.[15]

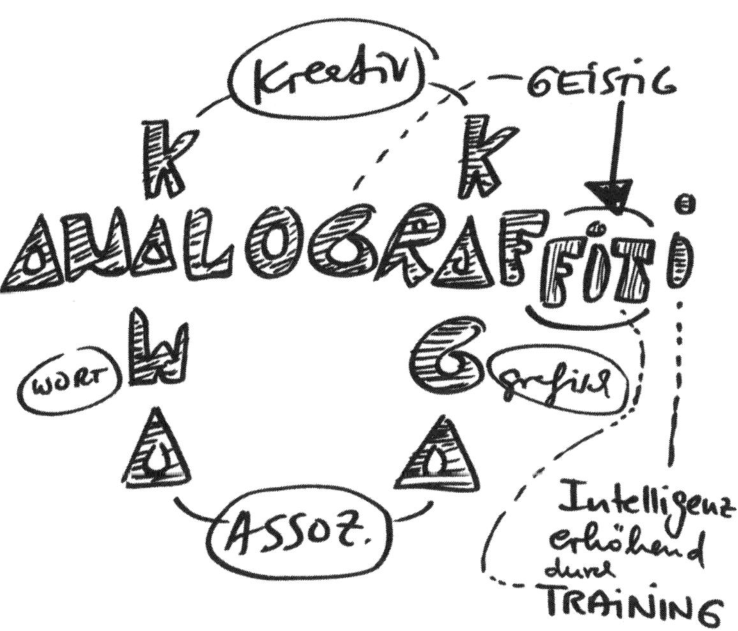

MERKBLATT 2: Ins HIER und JETZT kommen

Distanz gewinnen

Die folgenden kurzen Übungen bringen Sie total ins **Hier** und **Jetzt** und hindern Sie daran, weiter über etwas nachzudenken, das gerade passiert ist. Sie erhalten so die Möglichkeit, kurz Abstand zu nehmen – von einer (Konflikt-) Situation, einem Problem, einem Gedanken… Sie gewinnen **Distanz** – worum es übrigens auch bei der Kreativität geht.

Atmen

Hierbei handelt es sich um ein **rhythmisches Atmen**. Sie können die Übung zum Beispiel beim Laufen (Gehen, Walken, Joggen) durchführen, aber auch im Sitzen oder Liegen. Das Schema ist sehr einfach: Sie beginnen mit **2 Zählern**, wobei 1 Zähler je 1 Schritt entspricht. Ich beschreibe hier die Technik für das Gehen, während Sie die einzelnen Schritte mit dem Finger auf der Stuhllehne (dem Bauch) »gehen«, wenn Sie die Übung in einer Ruhehaltung »durchlaufen« wollen.

rhythmisches Atmen

1,2…

Wir beginnen mit **2**: Atmen Sie 2 Schritte ein, 2 aus. Anschließend werden Sie **3** Schritte ein- und 3 Schritte ausatmen. Dann **4**… Dann **5**…

Sie steigern so lange, bis Sie an Ihre **persönliche Obergrenze** kommen – also so lange, bis es nicht mehr angenehm ist. (Ich gehe immer genau einen Zähler höher, als gerade bequem ist).

Wenn Sie also zunächst nur auf **4** kommen, sieht der **Übungsablauf** wie folgt aus:

2 Zähler ein, 2 aus.
3 Zähler ein, 3 aus.
4 Zähler ein, 4 aus. (Ab jetzt wieder »runter«)
4 Zähler ein, 4 aus.
3 Zähler ein, 3 aus.
2 Zähler ein, 2 aus. (Neubeginn)
2 Zähler ein, 2 aus.
3 Zähler ein, 3 aus.
…

Um schnell ins Hier und Jetzt zu kommen, reichen **2 bis 3 Minuten**. Als Training optimal (diese Atemtechnik hat zahlreiche positive Auswirkungen) wären **mehrmals am Tag 10 Minuten**.

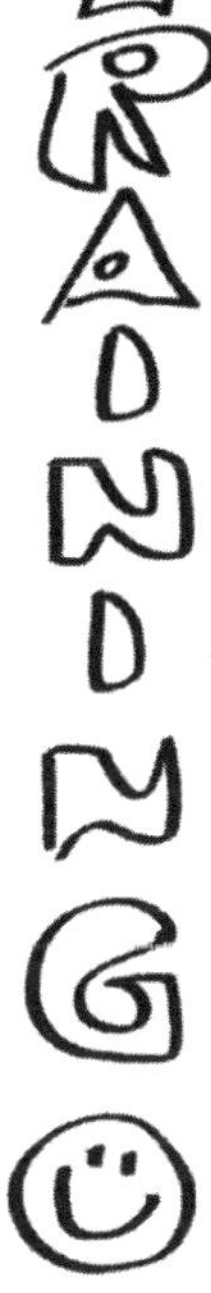

Palmieren der Augen

Beim PALMIEREN werden die Hände **entspannt auf die Augen gelegt,** und zwar wie folgt:

Setzen Sie sich bequem hin. Lassen Sie die Schultern locker. Die Brust- und Halswirbelsäule sollten sich in einer Linie befinden, die Füße flach auf dem Boden ruhen. Sofern Sie einen Tisch zur Verfügung haben, stützen Sie die Ellenbogen darauf ab. Reiben Sie Ihre (von allem Schmuck befreiten und nach Möglichkeit frisch gewaschenen) Hände aneinander und schließen Sie die Augen. Legen Sie die Hände entspannt über die Augen. Dabei sollten die **Handwurzeln** schräg auf den **Backenknochen** ruhen und die **Finger** auf der **Stirn**, während die **Handinnenflächen** leicht gewölbt über den **Augen** liegen. Atmen Sie anschließend **3 Minuten** tief in den Bauch. Dann öffnen Sie die Augen wieder.

WICHTIG: Die Hände sollen die Augen nicht berühren und keinen Druck ausüben!

Pfeile »lesen«

Auf der folgenden Seite sind Pfeile abgedruckt, die Sie **in einem ersten Durchgang** der Reihe nach laut »vorlesen«. Entsprechend der Pfeilrichtungen lesen Sie dabei entweder »rauf«, »runter«, »links« oder »rechts«. Bewegen Sie Ihre Hände dabei **in die Richtung, in der Sie vorlesen**. Beim **nächsten Durchgang** bewegen Sie die Hände dann in die **entgegengesetzte Richtung**.

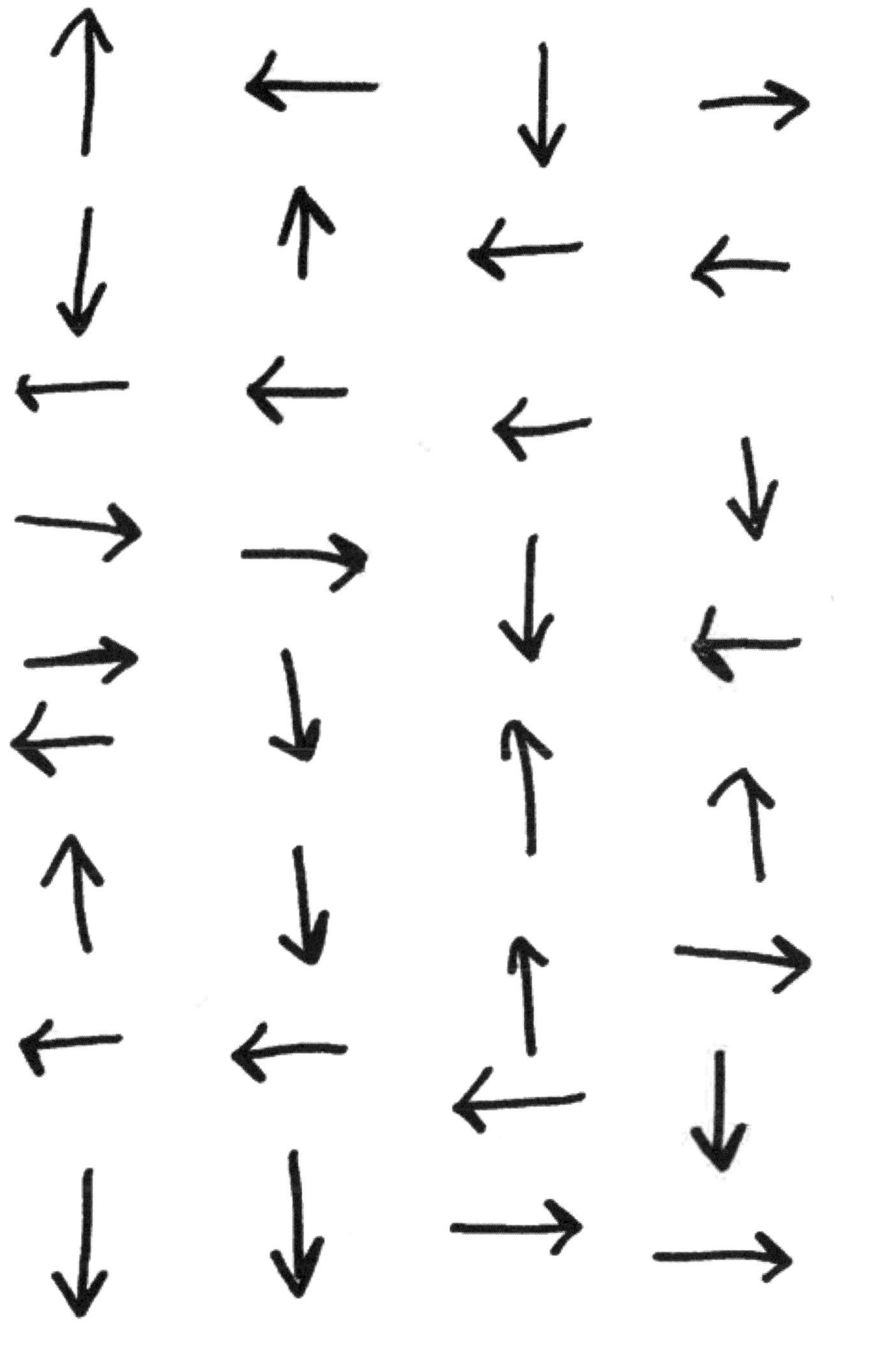

MERKBLATT 3: Weitere hilfreiche Trainingsaufgaben

Kontemplative Meditation

Schenken Sie sich Zeit zum Nachdenken

Vorbemerkung: Eine »kontemplative« Meditation ist eine Zeit, die Sie sich schenken, in der Sie über einen ganz bestimmten Gedanken »kontemplieren« wollen (Beispiele unten). Die kontemplative Meditationsform ist für Menschen des westlichen (industrialisierten) Kulturkreises leichter zu lernen als die »stumme«, weil es weit einfacher ist, seine Gedanken in bestimmte Bahnen zu lenken (und **einen** Gedanken zum **Thema** zu machen), als den inneren Monolog ganz abzustellen. Außerdem können solche Gedanken gleichzeitig im Sinne von Affirmationen wirken (vgl. Literaturverzeichnis, Stuart WILDE), sodass die Kontemplation letztendlich sogar einen »praktischen« Nutzen hat. Je »pragmatischer« Sie eingestellt sind, desto hilfreicher wird **diese** Meditationsform für Sie sein …

Den richtigen Ort/Weg finden

Vorbereitung: Suchen Sie sich einen Ort, an dem Sie während der »Sitzung« nicht gestört werden, beziehungsweise einen Weg, den Sie ungestört gehen können, wenn Sie meditativ gehen wollen. (Lernen Sie, normale »Störgeräusche« zu akzeptieren, sonst können Sie fast nie in Ruhe meditieren. Die Ruhe kommt von innen, wenn Sie eine Weile achtsam bleiben.)

Durchführung: Setzen Sie sich (oder gehen Sie). **Sie möchten sich in entspannter Konzentration (ganz im Hier und Jetzt) dem heutigen Gedanken Ihrer Kontemplation** (vgl. nächste Seite) **widmen.**

Sie »haben eigentlich keine Zeit«? Fragen Sie sich, ob die Welt unterginge, wenn Sie jetzt ein Telefonat entgegennehmen müssten, das so lange dauert wie Ihre Übung. Wenn Sie feststellen, dass Ihr Leben »irgendwie« weitergehen würde, dann können Sie sich diese Zeit schenken. (Die Sie sonst einem anderen Menschen gegeben hätten, nicht wahr?) Blicken Sie auf die Uhr. Ist es jetzt beispielsweise **14 Uhr** und Sie planen eine 15-Minuten-Kontemplation, sagen Sie sich: »Es ist jetzt **14:15**!« Dann beginnen Sie die Übung. Dieses Vorgehen ist vergleichbar damit, dass Sie auf der Bank eine Summe abgehoben haben, die nun auf Ihrem (Zeit-)Konto bereits fehlt. Also können Sie diese Summe (Zeitspanne) jetzt guten Gewissens genießen!

TIPP

Wenn Sie feststellen, dass sich andere Gedanken Ihnen »aufdrängen«, betrachten Sie sie wie liebe Nachbarn. **Danken** Sie ihnen für den Besuch und teilen Sie ihnen freundlich mit, dass es jetzt gerade nicht günstig ist. Die wirklich Wichtigen von ihnen werden später garantiert »wiederkommen«! Bitte begreifen Sie: Jeder Widerstand »gegen« diese Gedanken wird sie verstärken, weil Widerstand Energien in die Gedanken lenkt (und sie, wie einen Fahrradreifen, aufpumpt). Sagen Sie diesen Gedanken deshalb »Danke«, ehe Sie sie sanft »verabschieden«, und kehren Sie zum heutigen Thema Ihrer Kontemplation zurück. Damit »lenken« Sie Energien in diesen Gedanken und nicht in die »Nachbarn«.

MERKE

Wenn Sie einige der empfohlenen Bücher (vgl. Literaturverzeichnis) lesen, können Sie Sätze, die für Sie besonders geeignet sind, anstreichen. Wenn Sie weniger gern lesen, aber jemanden kennen, der/die gern liest, können Sie vielleicht **beide** von der »Ausbeute« profitieren. Es folgen einige solcher Gedanken (aus: *Sich den höheren Energien öffnen*), wobei ich die Sie-Form in die **Wir-Form** umgewandelt habe, denn die Kontemplation soll uns ja helfen, die Beziehungen des »kleinen Ichs« mit dem »höheren Selbst« zu verbessern. Ich habe festgestellt, dass die Wir-Form hierfür gut geeignet ist.

Anregungen

ÜBRIGENS Falls Ihnen die eine oder andere Kontemplation (derzeit noch) völlig »verrückt« erscheint, regen Sie sich nicht auf und erlauben Sie Ihrem kleinen ICH keinesfalls, solche Ideen erfolgreich (ein für alle Mal) abzuwürgen. Stellen Sie lediglich fest, dass Ihr kleines ICH Zeter und Mordio schreit, und lesen Sie weiter.

- Wenn wir unserer Intuition folgen, werden sich uns viele Tore öffnen.
- Die beste Methode zur Erschließung der Intuition ist, auf sie zu hören.
- Wir senden liebevolle Energie in unsere Vergangenheit. (Wenn wir glauben, eine »furchtbare« Vergangenheit zu »besitzen«, die uns daran hindert, uns hier und heute positiv zu entwickeln.)
- Das Wiederholen ausgesuchter, liebevoller Worte erhöht die Schwingung unserer Gedanken.[16]
- Wenn jemand seinen Ärger über uns zum Ausdruck bringt oder uns auf irgendeine Weise seine Zuneigung entzieht, lassen wir (es) nicht zu, dass seine Negativität unsere Reaktionen beeinflusst.
- Wir sprechen von den Eigenschaften, die wir anstreben, so als ob wir sie bereits hätten.
- Wir können die Energien, die zwischen uns und einem beliebigen Menschen fließen, durch positive Worte verstärken.
- Liebe wandelt negative Energien in eine unschädliche Kraft um.
- Anstatt niedrigeren Gedanken Widerstand entgegenzusetzen oder zu versuchen, sie loszuwerden, stellen wir ihnen einfach höhere Gedanken zur Seite.
- Weisheit bedeutet, unterscheiden zu können, welchen Botschaften wir Beachtung schenken und welche wir wieder loslassen sollen.
- Liebevoller Umgang mit uns selbst bedeutet immer auch liebevollen Umgang mit anderen.

- Es ist wichtig, anstelle von Mitleid Mitgefühl zu entwickeln.[17]
- Je schneller wir verstehen, was wir aus einer bestimmten Situation zu lernen haben, umso schneller können wir sie hinter uns lassen.
- Schmerz ist ein wichtiges Anzeichen für Wachstum; er kann durch die Liebe gewandelt werden.
- Wann immer wir an andere Menschen denken, empfangen diese (Mitmenschen-)Energie von uns.
- Wenn es uns schwerfällt, jemandem zu verzeihen, wollen wir bei unserer nächsten Begegnung so handeln, als wäre es sein (ihr) letzter Tag auf Erden (vgl. auch die folgende Trainingsaufgabe).
- Das Verändern der eigenen Denkgewohnheiten macht Freude, wirkt belebend und ermöglicht die Erfahrung neuer, höher entwickelter Gedankenwelten.
- Wenn wir von jemandem etwas Bestimmtes wollen, erinnern wir uns an einen Zeitpunkt, wo wir das Gewünschte selbst jemand anderem geschenkt haben.

In Bezug auf »Verzeihen« unbedingt JAMPOLSKY (vgl. Literaturverzeichnis) lesen!!!

Dies waren einige Gedanken aus einem einzigen Buch! Es ist wirklich leicht, Anregungen für **Kontemplation** zu finden.

Jede Art von **Meditation** (auch die kontemplative) hat **kumulierende** Wirkung. Das heißt: Nicht die einzelne »Sitzung« (oder der einzelne Spaziergang) wird etwas »bringen«, sondern Sie spüren die wohltuende und befreiende Wirkung nur, wenn Sie sich regelmäßig diese Zeit schenken und sich in dieser Zeitspanne ausschließlich dem einen (für heute ausgewählten) Gedanken **hingeben**.

PS

PPS

Ihr »Feind« als Ihr Coach

Auch dies ist eine Technik des Loslassens, die innerhalb einiger Wochen reiche Früchte tragen wird!

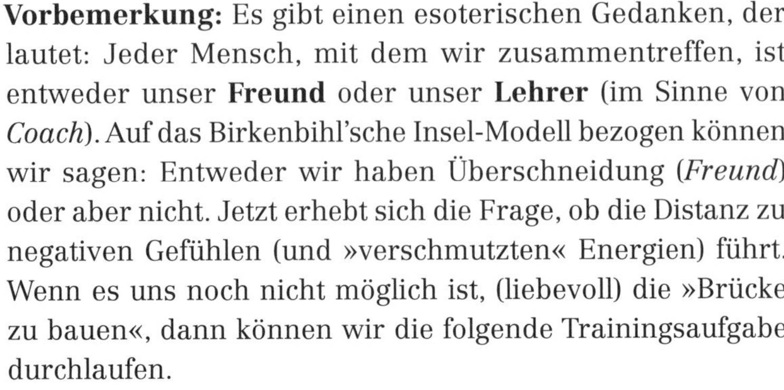

Vorbemerkung: Es gibt einen esoterischen Gedanken, der lautet: Jeder Mensch, mit dem wir zusammentreffen, ist entweder unser **Freund** oder unser **Lehrer** (im Sinne von *Coach*). Auf das Birkenbihl'sche Insel-Modell bezogen können wir sagen: Entweder wir haben Überschneidung (*Freund*) oder aber nicht. Jetzt erhebt sich die Frage, ob die Distanz zu negativen Gefühlen (und »verschmutzten« Energien) führt. Wenn es uns noch nicht möglich ist, (liebevoll) die »Brücke zu bauen«, dann können wir die folgende Trainingsaufgabe durchlaufen.

Vorbereitung: Notieren Sie den Namen einer Person, die Sie regelmäßig »sämtliche Nerven kostet«, weil er oder sie »böse auf Sie« zu sein scheint oder weil Sie ihm oder ihr »absolut nichts recht machen können« o.Ä.

Zeit: Solange es dauert (einige Minuten)

Durchführung (nach ROMAN): **Setzen Sie sich ruhig hin und bitten Sie Ihre Seele, Ihnen beizustehen.** Erfüllen Sie sich und Ihren Geist mit friedvollen Gedanken. Stellen Sie sich vor, wie Sie auf eine höhere, lichtere und friedlichere Ebene emporsteigen. Bitten Sie Ihre Seele, Ihnen zu zeigen, was Sie aus dieser Situation gelernt haben. (Vielleicht erkennen Sie dabei, dass der andere diese Rolle möglicherweise übernommen hat, um Sie etwas Wichtiges zu lehren.) Schreiben Sie Ihre Einsichten auf…

Dann stellen Sie sich vor, dass Ihr nächstes Zusammentreffen mit dieser Person auch Ihr letztes sein wird – möglicherweise sein/Ihr letzter Tag auf Erden. Stellen Sie sich vor, dass Sie selbst der ruhigste, liebevollste, mitfühlendste und weiseste Mensch sind, den Sie kennen. Was würden Sie dem anderen sagen, um die Situation zu bereinigen und Liebe zwischen Ihnen entstehen zu lassen?

PS

Wenn Ihnen das völlig praxisfremd erscheint, dann denken Sie noch einmal über diese Übung nach, **nachdem** Sie die folgenden Übungen **durchlaufen** (nicht nur gelesen!) haben.

Wenn Sie erst einmal beginnen zu registrieren, bei welcher Art von Gedanken (Tipps, Trainingsaufgaben) Ihr »kleines ICH« sich wehrt, und wenn Sie zu registrieren lernen, wie verzweifelt dieser Widerstand ist, dann wissen Sie bald, woran Sie arbeiten wollen – wenn (das ist natürlich Ihre Entscheidung) Sie Ihrer Seele (Ihrem höherem Ich, Ihrem Geist, Ihrer wahren Natur) mehr RAUM geben wollen, weil Sie frei(er) werden möchten …

Energie-Dyade 1

Vorbereitung: 2 Personen, die sich bequem gegenübersitzen können. Jeder hat Schreibzeug, Timer bereitliegen (zum Beispiel einen Küchenwecker).

Zeit: Schweigen (mindestens 3 Minuten); **Notizen machen** (gemäß Abmachung, zum Beispiel ebenfalls 3 Minuten); anschließende Besprechung (solange Sie wollen)

Durchführung: Blicken Sie sich stumm an. Jeder von Ihnen möchte die Energie des anderen spüren. Entspannen und öffnen Sie sich. Warten Sie eine Weile. Widerstehen Sie dem Impuls zu sprechen. Wenn Sie die Übung begonnen haben, gibt es nichts, was im Hier und Jetzt wichtiger sein könnte als Ihr Gegenüber. Benutzen Sie das Sehen nur als »Hilfsmittel«, um ihn zu fühlen. Spüren Sie seine Energie auf Sie zuströmen. Ist sie klar/rein oder »getrübt« (weil die Person betrübt ist)? Verändert sich die Energie im Laufe der Übung, wenn Sie beide sich mehr entspannen (oder zeitweise doch ein wenig anspannen)? Starren Sie sich nicht an! Blicken Sie ruhig und freundlich (vielleicht sogar liebevoll).

Was spüren Sie?

Wenn die Zeit abgelaufen ist, macht jeder von Ihnen zunächst **Notizen** über die Energien, die Sie VOM ANDEREN empfangen haben, dann darüber, wie Sie selbst sich gefühlt haben. Anschließend Vergleich und Besprechung.

Energie-Dyade 2

Vorbereitung: wie bei Energie-Dyade 1

Zeit: wie bei Energie-Dyade 1

Durchführung: Blicken Sie sich stumm an. Konzentrieren Sie sich nur auf die Stärken Ihres Gegenübers. Denken Sie an alles, was Ihnen gefällt (beziehungsweise wovon Sie wissen, dass Ihr Gegenüber es an sich wichtig und förderungswürdig empfindet), und »senden« Sie entspannt und offen

Was schätzen Sie an Ihrem Gegenüber?

»positive Energie«, indem Sie abwechselnd an die eine oder andere Stärke denken.

Nach Ablauf der Zeit notiert jeder, **ob** und **wann** er die positive Energie des Partners gespürt hat. (Beispiel: *am Anfang ganz stark, dann kam eine etwas verworrene Phase und gegen Ende wieder ganz stark.*) Danach besprechen Sie Ihre Eindrücke gemeinsam.

Wenn Sie mithilfe dieser Übung erkennen, dass Ihr jeweiliges Gegenüber (immer!) genau spürt (wenn auch eher unbewusst), welche Energie **Sie** momentan aussenden (wie auch Sie genau wissen, was andere Ihnen »senden«), dann wollen Sie vielleicht konkrete Konsequenzen für Ihren Alltag ziehen. Genauso wie Sie **unter manchen Menschen leiden**, deren Energien Sie »runterziehen«, kann es anderen Menschen gehen, denen **Sie** »verschmutzte« Energien senden. ACHTUNG

Darum geht es konkret in der nächsten Trainingsaufgabe.

Energie »versenden«

Vorbereitung: keine
Zeit: wann und sooft Sie wollen
Durchführung: Senden Sie (an- oder abwesenden) **Menschen positive Energie**, ähnlich wie in der letzten Übung.

Die Energie-Dyade 2 (oben) hilft Ihnen, den Glauben an einen (von der Erziehung **nicht** vorgesehenen) Energie-Transfer zu bilden! Denn das Prinzip funktioniert, auch wenn Sie Ihr Gegenüber ablehnen, zum Beispiel wenn Sie stocksauer sind und Ihren Gesprächspartnern (im Gespräch oder später, auf Distanz) Ihre zornigen Wut-Energien zu- (oder hinterher)senden! Wer häufig mit Menschen zu tun hat, die einem »nichts Gutes wollen«, erhält genau die Art von »verschmutzter« Energie zurück, die er aussendet… Wer aber lernt, **regelmäßig** so viel positive Energie wie möglich auszuströmen, wird bald Ähnliches zurückerhalten (**Resonanz-Gesetz**!). MERKE

Der nächste Schritt

Übrigens ist der nächste Schritt das »Aussenden« von bedingungsloser Liebe (s. folgende Aufgabe). Die Übung »Energie versenden« stellt nur eine **Vorübung** dar, damit Sie **sofort** beginnen können. Denn selbst unser »kleines ICH« kann anerkennen, dass andere Menschen einige Stärken haben. Somit wird es Ihnen »gestatten«, diese Aufgabe sofort zu erfüllen!

Gehen Sie an die folgende Trainingsaufgabe erst heran, wenn Sie bereit dafür sind. Ach ja: Wenn Sie auf Ihre **»innere Stimme«** lauschen, sagt die Ihnen genau, (ob bzw.) wann dieser Zeitpunkt gekommen ist.

Resonanz der Liebe

Bedingungslose Liebe »senden«

Vorbereitung: mit etwas Übung keine (anfänglich »gute« Momente ausnutzen, an denen es leicht/er fällt)
Zeit: so oft wie möglich, jeweils mehrere Sekunden oder Minuten (letztendlich könnte eine Art von ständiger »Hintergrund-Strahlung« entstehen, wenn Sie sich nicht mehr bewusst dazu entscheiden müssen, Liebe zu senden)
Durchführung: Bedingungslose Liebe »senden«…

MERKE

Bedingungslose Liebe ist eine Liebe, für die das »kleine Ich« nichts fordern darf. Sie entspringt **nicht den normalen Gefühlen**, ja, sie ist gar kein Gefühl, das unter Zusammenwirken neuronaler und hormoneller Tätigkeiten entsteht. Bedingungslose Liebe können wir uns als **dem Herzen entspringend** vorstellen (ein jahrtausendealtes Bild). Aber genau genommen ist bedingungslose Liebe eine TÄTIGKEIT, eine HANDLUNG des bewussten Geistes (vorbei am Verstand des »kleinen ICHs«). Man könnte auch sagen, es ist unsere Seele, die diese Art von Liebe ausstrahlt und empfängt. Wenn

Liebe heilt

Sie bedingungslose Liebe **erhalten**, kann Ihre Seele HEIL werden, und wenn Sie diese Seelen-Liebe **senden**, ist dies ein HEILUNGS-PROZESS für den »Ort«, an den Sie sie hinlenken. Dies kann eine Person sein (an- oder abwesend), aber auch ein wirklicher Ort (zum Beispiel das Gebäude, in dem Sie leben oder arbeiten, oder die Gemeinde, in der Sie leben), ja sogar die ganze Welt. Das Faszinierende an dieser Liebe zeigt sich in dem Vergleich mit **reinem weißen Licht**: Solange Sie Ihr Herz nur einen winzigen Spalt öffnen können, werden Sie Ihre bedingungslose Liebe eher »zielgerichtet« aussenden; je WEITER jedoch die Öffnung wird, desto breiter wird auch der Lichtstrahl. Theoretisch kann eine Person so viel Liebeslicht abgeben, dass sogar Menschen, die blind für Energien sind, die Helligkeit wahrnehmen. (Vielleicht ist so die Idee des HEILIGENSCHEINS entstanden?) Diese Licht-Liebe hat HEIL-ende Wirkung, könnte somit den Inbegriff des HEILIG-en darstellen…

Das sind einige Anregungen aus dem Fixstern-Seminar, damit Sie ab heute beginnen können, Ihre Lebensqualität zu verbessern.

MERKE

Wir erhalten immer das **Echo** der Welt auf unsere Schwingungen. Demzufolge gilt: **Je mehr Sie im Einklang mit Ihrer wesentlichen Wesenheit sind, desto mehr positive Zufälle werden sich zwangsläufig ereignen** (Sie treffen die »richtigen« Leute usw.). **Das ist das universal gültige Gesetz der Resonanz!** Ich wünsche Ihnen wundervolle höhere Schwingungen – jeden Tag Ihres Lebens!

MERKBLATT 4: Ihr persönlicher Lattenzaun

Wie stark FÜHLT sich Ihr **kleines ICH** hin-gezogen (zu-geneigt) oder ab-gestoßen (ab-geneigt)?
a) Schon allein beim Lesen der WÖRTER...
b) Wenn Sie (der Sache/Person) im realen Leben begegnen...

1. Aggression
2. Aids
3. Akupunktur
4. Alkoholiker
5. Altruismus
6. Andersdenkende
7. Angst
8. Arbeitgeber
9. Ärger
10. Ärzte
11. Astrologie
12. Asylanten
13. Ausländer
14. Banker
15. Befriedigung
16. Behinderte
17. Betrunkene Autofahrer
18. Bosheit
19. Bürokraten
20. Chakra-Energielehre
21. Charisma
22. Chefs
23. Chemische Waffen
24. Diebe
25. Dienstleister

26. Drogendealer
27. Egoismus
28. Eifersucht
29. Einwanderungsgesetz
30. Engel
31. Enthusiasmus
32. Enttäuschung
33. Erleuchtung
34. Esoterik
35. Fehler
36. Feigheit
37. Feuerwehrmann
38. Fixer
39. Flexibilität
40. Freude
41. Frieden
42. Frust
43. Furcht
44. Geister
45. Geisteskrankheit
46. Geiz
47. Gelächter
48. Gentechnik
49. Gesundheit
50. Gewalt
51. Gier
52. Glück
53. Gott
54. Groll
55. Haarausfall
56. Hass
57. Hehler
58. Heilung durch Gebet
59. Heiterkeit
60. Hilflosigkeit
61. Hilfsbereitschaft

62. Homöopathie
63. Homosexuelle
64. I Ging
65. Innerer Frieden
66. Intelligenz des Herzens
67. Jähzorn
68. Jesus
69. Kinderarbeit
70. Kinderlachen
71. Kinderstrich
72. Kirche
73. Kosmos
74. Krankheit
75. Kreativität
76. Krieg
77. Leben
78. Lesben
79. Liebe (normale Bedeutung)
80. Linksradikale
81. Mafiaboss
82. Magie
83. Manager
84. Massentierhaltung
85. Mathematik
86. Mentaltechniken
87. Mimosenhaftigkeit
88. Missgunst
89. Mörder
90. Multiple Persönlichkeiten
91. Nächstenliebe
92. Nahtoderfahrung
93. Nanotechnik
94. Neid
95. Neonazis
96. Neugierde
97. Nostradamus

98. Numerologie
99. Obdachlose
100. Offenheit
101. Olympiasieger
102. Parapsychologische Phänomene
103. Peinlichkeitsgefühl
104. Persönlichkeit
105. Placeboeffekt
106. Politiker
107. Popstars
108. Prostituierte
109. Q-Feld totaler Potenzialität
110. Quantenphysik
111. Quantensprung
112. Raucher
113. Rechtsradikale
114. Reichtum
115. Reinkarnation
116. Relativitätstheorie
117. Religion
118. Romantische Gefühle
119. Rücksichtslosigkeit
120. Scham
121. Schicksal
122. Schuldgefühle
123. Seele
124. Seitensprung
125. (Sich) unverstanden fühlen
126. Soldaten
127. Spiritualität
128. Staat
129. Staatsdiener
130. Sterben
131. Steuerfahnder
132. Stolz
133. Sucht

134. Tarot (Kartenlesen)
135. Telefonsex
136. Terroristen
137. Tiertransporte
138. Tod
139. Toleranz
140. Tränen
141. Trauer
142. Traumzeit
143. Trinker
144. Umweltgifte
145. Universale Kraft
146. Unschärferelation
147. Unsicherheit
148. Vasektomie
149. Verkäufer
150. Verzeihen
151. Wahrsagerei
152. Weisheitslehren, alte
153. Weltraumfahrt, bemannte
154. Wirtschaftsasylanten
155. Wissenschaft
156. Wut
157. Zahlen
158. Zahnärzte
159. Zärtlichkeit
160. Zorn

Wenn Sie (bald/einst) in der Lage sein werden, bei den meisten Begriffen mit GLEICH-MUT zu reagieren, dann haben Sie viele Ihrer »Latten« aus dem »Zaun« entfernt …

Schon interessant, gell?

Apropos **GLEICH-MUT**: Wir haben (laut Programm!) eine **furchtbare Angst** davor, GLEICH-GÜLTIG zu reagieren. Im **Klartext**: Wir haben Angst davor, **anzuerkennen**, dass verschiedene Sichtweisen, Vorgehen, Standpunkte, Meinungen etc. GLEICH(-ermaßen) GÜLTIG sein könnten.

MERKBLATT 5: Der weite Blick

Es gibt ein Modell von Alan W. WATTS, das ich Ihnen an dieser Stelle kurz vorstellen möchte: Nehmen wir an, die Welt/das Universum ist eine gigantische Lagerhalle. Um etwas darin zu finden, geht der westlich geprägte Mensch mit einer TASCHENLAMPE ans Werk. Seit Tausenden von Jahren haben Menschen mit der Taschenlampe geleuchtet. Dann haben sie festgehalten, was sie gesehen haben. Einige haben hier ein wenig geleuchtet, andere dort ein wenig und langsam fügten sich die Teile schließlich zu einem Bild zusammen … Mit der Quantenphysik ist die westliche Wissenschaft zum ersten Mal an den Rand eines Gesamtverständnisses gekommen. Davor waren es immer isolierte **Wissensbruchstücke**, die wir auf verschiedenen Gebieten gesammelt haben.

Taschenlampe vs. Deckenlicht

WATTS sagt nun: »Der fernöstliche Mensch macht ganz oben eine Lampe an, an der Decke. Der sieht alles etwas vage, nicht so deutlich, etwas diffus, aber er sieht die Zusammenhänge. Er sieht die Beziehungen zwischen den Dingen.« Der Ferne Osten hat immer erklärt, dass alles eins ist, dass die Materie eine Illusion ist – und da ist inzwischen auch die Quantenphysik drauf gekommen.

Wir können das als **Metapher** für die Art sehen, wie wir in die Welt hineinschauen. Wir fokussieren unseren Blick und sehen ein Detail neben dem anderen (man spricht hier auch vom **harten Blick**), während wir viel öfter einmal den **weiten, weichen Blick** zulassen sollten. Denn wer fähig ist, den **physischen Blick** weich zu machen, kann auch den **geistigen Blick** weich beziehungsweise weit machen. Das heißt, unser Denken wird ebenfalls weit. Wir verlieren uns nicht so sehr im Detail und bekommen nun statt des **einzelnen Baums** den **Wald** in seiner **Gesamtheit** ins Visier – geistig wie blickmäßig.

Der Blick in die Welt

Voraussetzung für Kreativität

Wir alle möchten gern kreativ sein. Doch **Kreativität** stellt sich nicht ein, wenn Sie nur mit dem »geschlossenen Fokus« von einem Detail zum anderen springen. Um kreativ zu sein, müssen Sie den »Beutel mit den Kaugummikugeln« (siehe Seite 32) **durcheinanderschütteln** können. So kommen die einzelnen Kugeln in ein ganz **anderes Verhältnis** zueinander.

Trainieren Sie deshalb den weichen/weiten Blick. Dazu empfehle ich Ihnen folgende **Übung**:

ÜBUNG

Fassen Sie etwas fest ins Auge und **umrahmen** Sie es mit zwei Fingern oder Ihren **beiden Händen**. Nun ziehen Sie die Hände langsam waagerecht auseinander und verfolgen sie **periphär** (aus den Augenwinkeln), während Ihr Blick auf dem ursprünglichen »Ziel« verharrt. Testen Sie dabei,

- **wie weit** Sie die Hände/Finger auseinandernehmen können, ohne sie aus dem Blickfeld zu verlieren,
- **wie lange** Sie den weiten Blick halten können.

Versuchen Sie, mit der Zeit sowohl die Entfernung als auch die Dauer zu steigern.

Wenn Sie möchten, probieren Sie zwischendurch auch mal folgende **Übung** aus: Peilen Sie einen Ihrer Finger an. Dann ziehen Sie diesen ganz schnell weg und verharren mit den Augen dort, wo sich der Finger gerade noch befunden hat. Betrachten Sie einfach das »**Nichts**« …

MERKBLATT 6:
Das Prinzip Fixstern – Mundwinkel rauf

Je kleiner Ihre Ziele sind, desto dramatischer sind die alltäglichen Erlebnisse in ihrem Leben und desto mehr müssen Sie sich darüber aufregen. Haben Sie jedoch einen Fixstern in Ihrem Leben, dann relativiert das alles, was Ihnen widerfährt, und Sie müssen nicht gleich bei jeder Wolke, die an Ihrem psychologischen Horizont vorübersegelt, in den Kampfmodus verfallen. Trotzdem möchte ich Ihnen genau für diesen Fall noch eine **Anti-Ärger-Strategie in Verbindung mit diesen Gedanken** verraten: Lächeln Sie!

Das klingt zunächst einmal absurd, da Sie in dieser Situation absolut keine »Lust« haben zu lächeln. Und zweitens würden Sie vermutlich nur eine Grimasse zustande bringen, aber kein Lächeln. Doch auch diese »Grimasse«, also das gequälte Lächeln, führt dazu, dass Sie Ihre Mundwinkel anheben – was letztlich dazu führt, dass Ihr Gehirn **Freudehormone** produziert. Und diese wiederum »fressen« die Kampfhormone auf.

60 Sekunden reichen meist schon

Im »Krisenfall« reichen schon 60 Sekunden, wobei Ihnen die ersten 15 sehr schwerfallen werden, weil Sie sich absolut blöd vorkommen, mit dem Ärger im Bauch zu lächeln. Doch dann klärt sich der psychologische Nebel etwas und Sie können anfangen, wieder zu denken. Jetzt haben Sie weitere 45 Sekunden – während Sie weiter tapfer lächeln –, in denen Sie sich fragen: »Bringt mich mein Ärger/ein Kampf in Bezug auf die Erreichung meines Fixsterns weiter?« **Das relativiert die Dinge ganz ungemein.**

Übrigens: Ein tägliches Lächel-Training von 5 Minuten hilft Ihnen nicht nur, viele Situationen zu **entschärfen**, **ehe** sie akut werden, sondern **stärkt** auch Ihr **Immunsystem**. Ob Sie einmal 5 Minuten oder über den Tag verteilt fünfmal 1 Minute beziehungsweise zehnmal eine halbe Minute üben, ist ganz egal. Allerdings reden wir **nicht** darüber, **andere** Leute anzulächeln (natürlich gelingt das auch leichter, wenn Sie mehr Übung haben), sondern es geht darum zu lächeln, wenn Sie allein mit sich sind.

Das innere Lächeln

Nachdem Sie gelernt haben, das Lächeln wieder »nach innen zu bringen«, kann es von innen herausstrahlen.

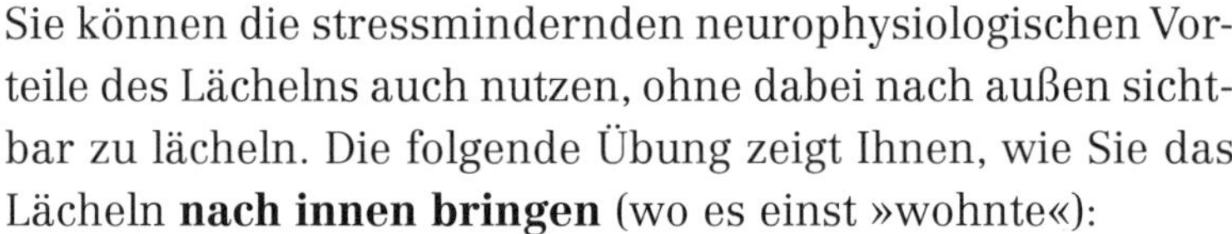

Sie können die stressmindernden neurophysiologischen Vorteile des Lächelns auch nutzen, ohne dabei nach außen sichtbar zu lächeln. Die folgende Übung zeigt Ihnen, wie Sie das Lächeln **nach innen bringen** (wo es einst »wohnte«):

Schritt 1: Suchen Sie sich einen Ort, an dem Sie ungestört sind. **Lächeln Sie**.

Schritt 2: Verringern Sie das Lächeln, bis es äußerlich nicht mehr zu sehen ist. (Benutzen Sie zur Kontrolle gern einen Spiegel, denn man kann sich anfangs sehr täuschen.)

Schritt 3: Stellen Sie sich nun vor, Sie würden lächeln. Dabei zeigt sich an Ihren Mundwinkeln (im Gegensatz zu Schritt 1) nichts, aber man sieht es an den Augen, wenn jemand innerlich »strahlt«. Allerdings kann es sein, dass Sie selbst das im Spiegel nicht sehen werden, da Ihr Bewusstsein weiß, wonach Sie suchen. So oder so, üben Sie, die Vorstellung aufzubauen, Sie würden lächeln, was man Ihrem Mund aber nicht ansieht.

Haben Sie gelernt, **innerlich zu lächeln**, können Sie sich überlegen, ob sie dies nur **sporadisch** einsetzen wollen oder ob Sie es zur **Hintergrundstrahlung** Ihres Lebens machen wollen. Dann wirkt es ähnlich wie ein ständiges innerliches Mantra.

Strategien für die Seele

Als ich wieder einmal auf der Autobahn unterwegs war und es zunehmend stressig wurde, habe ich begonnen, allen Autofahrern um mich herum **Gesundheit und ein langes Leben zu wünschen**. Zugegeben, die ersten 10, 15 Wünsche waren noch ziemlich ironisch gemeint, aber ich bin drangeblieben und nach einigen Minuten habe ich mich **wesentlich wohler** gefühlt. Das ist eine tolle Strategie, die ebenfalls **Ihr Immunsystem stärkt**. Denn **was** Sie wünschen, strahlt immer auf Sie zurück. Die Welt ist Ihr Echo, Ihr Spiegel. Das heißt, indem Sie anderen Positives wünschen, stärken Sie Ihr eigenes System und Sie fühlen sich besser. Es ist so einfach und kostet Sie nichts. Probieren Sie es einmal aus!

Gutes wünschen!

Eine andere Seelen-Strategie ist **Seelenfrieden als Ziel**. Angenommen, Ihr Fixstern lautet, Ihr POTENZ-ial zu entfalten, dann ist dies mit Arbeit verbunden: Es geht um Ihre Entwicklung, Ihr Wachstum, um lebenslanges Lernen usw. Doch es gibt Menschen, die sagen: »Ich möchten kein **tunorientiertes** Ziel, ich möchte ein **sein-orientiertes** Ziel, denn für mich ist die Qualität des Seins im Leben wichtiger als Tätigkeiten irgendeiner Art.« Einverstanden. Dann könnte Ihr Ziel lauten: »Ich möchte so oft wie möglich Seelenfrieden erleben.«

Seelenfrieden

Stichwortverzeichnis

A

Affirmationen 20
Analograffiti 81
Angst 24ff., 38, 52
ANTHONY, Dr. Robert 18
Anti-Ärger-Strategie 103f.
Anti-Freude-Programme 21f.
Arbeitslosigkeit 48
Atmen 82f.

B

Befreiung 31
Beziehungen 10
Blick, weiter 56, 64f., 101f.
BRAHMAN 72
Buddhismus 23, 34, 57

D

Dankbarkeit 36, 38f., 52, 66
de ROPP, Robert 15
Deckenlampen-Blick 45
Denken von Unglaublichem 44
Denkhilfe 20f.
Dialog zwischen Ego und Seele 26ff.
Dinge im „Griff" haben 59

E

EGLI, René 9f., 39
Ego 14f., 18, 23, 26ff., 31f., 36, 44, 46, 48, 64, 66f.
Ego, Bedürfnisse 70
Einheit 10
Einzelziel 54
Energie(-) 10f., 70
-Dyade 1 92
-Dyade 2 92f.
-Modell 58f.
- versenden 93f.
Erfolg 40ff.
Erziehung(s-) 19
-prozesse 24
EUELNSPIEGEL, Till 63
Evolution 71

F

Feind als Coach 90f.
Filter 51
Fixstern, persönlicher 35ff.
Fixstern-Brief, persönlicher 60f.
Folter, geistige 51
Freiheit 59
Fremdbild 45
Frieden, innerer 39, 72

G

Gedankenexperiment 18ff.
Geschmacksfragen 47
Glaube 41
Glaubensfragen 47
Großzügigkeit bei Kleinigkeiten 47

H

Habenwollen 49
Hahn auf dem Mist 15f.
Harmonie des Ziels mit Ihrem Fixstern 63
Hass 9 13, 24, 38
Hier und Jetzt, kommen ins 82ff.

I

Information als Ware 67
Interaktion 10
Intuition 39f.

K

KaWa 14, 23, 35, 68, 71, 78ff.
KaWa-Namens-Spiel 78f.
Kontrolle, scheinbare 59
Kritik, Umgang mit 45f.

L

Lächeln, inneres 104
Latten, geistige 40ff., 60, 72
- Umgang mit 48ff.
Lattenzaun 47, 50, 54, 57, 60, 68
- persönlicher 29ff., 96ff.
Leben 10
- mehrere 53ff.

Lebensziel 35
Leistungsgesellschaft 48
Lichtgestalt 53ff.
Liebe 9ff. 55, 57f., 71f
- bedingungslose 25f., 39, 42, 54, 72
- deinen Nächsten 35
- Gegenteil von 13
Liebesaffären 11
Loslassen, Technik 90

M
Märchen 14
Meditation, kontemplative 32ff., 86ff.
Meta-
-Spiele 15ff.
-ziel 62
Moloch 16, 67, 70
Motivationsprobleme 48

N
Nächstenliebe 37
Nahtoderfahrung 24, 53
Nenner, gemeinsamer 14
NOSTRADAMUS 55

O
Objekt-
-Spiele 15, 40
-ziel 62
Offenheit 710

P
Palmieren der Augen 83
„Pfeile" lesen 84f.
POSTMAN, Neil 67
POTENZial 22
- Denk-Modell 18f.
Probleme 68ff.
Problemlösung 70
Programme, psychologische 19f., 27, 31, 41, 48f, 67
- eigene 20ff.

R
Rechthaberei 41
Reichtum, 19
- materieller 17
Reinkarnation 58
Resonanz 37f., 42, 62, 64f., 70
- der Liebe 94f.
-Gesetz 17, 50
RHEINHARD, Luke 51

S
Schwäche 46
Schwein am Futtertrog 15, 19
Seele 14ff., 26ff., 33, 35, 46, 56, 61, 64, 66, 90, 94, 105
- Strategien für die 105
Selbst erfüllende Prophezeiung 50
Selbst-Inventur 12f.
Selbstbild 42ff.
Selbstwertgefühl 40, 66f.,
- Dellen im 49
Sender 47
Spiele des Lebens 15f.
Spielregeln 22f., 27, 36
- alte 61f.
- neue 61ff.
Spiritualität 57
Stimme, innere 42
Story 31, 42ff., 63, 72

T
Tiefe 40 ,50
Trancezustand 56

U
Übergang 55
Übungen 12f., 14, 20ff., 24, 28f., 39, 51, 54, 60, 71
Unfreiheit 25
Unzufriedenheit 25

V
Verstand 26
Verzauberung 23

W
Wahlmöglichkeiten 40
Wahrnehmung 26
Wange hinhalten 37
WATTS, Alan W. 23
Wirklichkeit 51f.
Wirklichkeiten zweiter Ordnung 47
Wissen(s-) 16, 55, 57f.
-ABC 74ff.
- Ort des 56

Z
Ziel, übergeordnetes 40, 49f.
Zielerreichung 61ff.
Zufälle 64
ZWILLINGS-EFFEKT 25

Literaturverzeichnis

1. **ANTHONY, Robert:** *Startbuch für Lebensveränderer.* Fischer-Verlag, Münsingen-Bern, 1993
2. **BENSON, Bernard:** *Der Weg ins Glück.* Droemersche Verlagsanstalt Th. Knaur Nachf., München, 1989
3. **BRUGH JOY, William:** *Der Weg der Erfüllung – Selbstheilung durch Transformation.* Ansata-Verlag, Interlaken, 1987
4. **CAPRA, Fritjof:** *Lebensnetz – Ein neues Verständnis der lebendigen Welt.* Scherz-Verlag, Bern/München/Wien, 1996
5. **CAPRA, Fritjof:** *Wendezeit – Bausteine für ein neues Weltbild.* Droemersche Verlagsanstalt Th. Knaur Nachf., München, 1988
6. **CARSE, James P.:** *Endliche und unendliche Spiele: Die Chancen des Lebens.* Klett-Cotta, Stuttgart, 2. Auflage 1987
7. **CHARDIN, Teilhard de:** *Aufstieg zur Einheit – Die Zukunft der menschlichen Evolution.* Walter-Verlag, Olten/Freiburg, 1974
8. **CHONG, Dennis K./SMITH-CHONG, Jennifer K.:** *Frag nicht warum – Zur Struktur der Wirklichkeit und der Erweiterung unserer Fähigkeiten.* Junfermann Verlag, Paderborn, 1995

CHÖGYAM, Ngakpa: *Reise in den inneren Raum – Ein Handbuch tibetischer Meditationstechniken,* Junfermann-Verlag, Paderborn, 1990

9. **DAHLKE, Rüdiger:** *Der Mensch und die Welt sind eins – Wie oben, so unten: unsere Existenz zwischen Mikrokosmos und Makrokosmos.* Wilhelm Heyne Verlag, München, 4. Auflage 1994
10. **DOSSEY, Larry:** *Heilende Worte – Die Kraft der Gebete und die Macht der Medizin.* Verlag Bruno Martin, Südergellersen, 1995
11. **DYER, Wayne W.:** *Der wunde Punkt – Die Kunst, nicht unglücklich zu sein.* Rowohlt Taschenbuch Verlag, Reinbek bei Hamburg, 1990
12. **EASWARAN, Eknath:** *Mantram – Hilfe durch die Kraft des Wortes.* Verlag Hermann Bauer, Freiburg im Breisgau, 3. Auflage 1993
13. **EGLI, René:** *Das LOL²A-Prinzip – Die Vollkommenheit der Welt.* Editions d'Olt, Oetwil a.d.L, 7. Auflage 1997
14. **FISCHER, Theo:** *Wu wei – Die Lebenskunst des TAO.* Rowohlt Taschenbuch Verlag, Reinbek bei Hamburg, 1996
15. **FREMANTLE, Francesca/CHÖGYAM Trungpa** (Hrsg.): *Das Totenbuch der Tibeter.* Eugen Diederichs Verlag, Köln, 9. Auflage 1987

16. **GOLAS, Thaddeus:** *Der Erleuchtung ist es egal, wie du sie erlangst.* Sphinx-Verlag, Basel, 9. Auflage 1994
17. **GOODMAN, Felicitas:** *Wo die Geister auf den Winden reiten – Trancereisen und ekstatische Erlebnisse.* Verlag Hermann Bauer, Freiburg im Breisgau, 1993
18. **GOSWAMI, Amit:** *Das bewusste Universum – Wie Bewusstsein die materielle Welt erschafft.* Verlag Alf Lüchow, Freiburg im Breisgau, 1995
19. **HARDING, Douglas E.:** *Die Weltreligionen – Ein kleines Handbuch für Aufgeschlossene.* Verlag Alf Lüchow, Freiburg im Breisgau, 1997
20. **JAMPOLSKY, Gerald G./CIRINCIONE, Diane V.:** *Liebe ist die Antwort – Beziehungen positiv gestalten.* Goldmann Verlag, München, 1994
21. **JAMPOLSKY, Gerald G.:** *Die Kunst zu vergeben – Der Schlüssel zum Frieden mit uns selbst und anderen.* Goldmann Verlag, München, 1991
22. **JAMPOLSKY, Gerald G.:** *Wenn deine Botschaft Liebe ist – Wie wir einander helfen können, Heilung und inneren Frieden zu finden.* Kösel-Verlag, München, 4. Auflage 1988
23. **KOPP, Sheldon B.:** *Der Taschendieb und der Heilige – Spiele der Selbsttäuschung.* Eugen Diederichs Verlag, Köln, 1985
24. **KOPP, Sheldon B.:** *Kopfunter hängend sehe ich alles anders – Psychotherapie und die Kräfte des Dunkels.* Eugen Diederichs Verlag, Köln, 4. Auflage 1986
25. **KRISHNAMURTI, J.:** *Antworten auf Fragen des Lebens.* Verlag Hermann Bauer, Freiburg im Breisgau, 1. Auflage 1992
26. **KRISHNAMURTI, J.:** *Gespräche in Saanen.* Humata Verlag Harold S. Blume, Bern/Freiburg Breisgau/Salzburg, 1963
27. **KÜBLER-ROSS, Elisabeth:** *Befreiung aus der Angst – Berichte aus den Workshops »Leben, Tod und Übergang«.* GTB-Sachbuch, 1992
28. **KÜBLER-ROSS, Elisabeth:** *Reif werden zum Tode.* GTB-Sachbuch, 6. Auflage 1989
29. **KÜBLER-ROSS, Elisabeth:** *Über den Tod und das Leben danach.* Verlag Die Silberschnur, 16. Auflage 1994
30. **LEARY, Timothy:** *Spiel des Lebens – Neurologisches Tarot.* Sphinx-Verlag, Basel, 1984
31. **LEONARD, George:** *Der Pulsschlag des Universums – Schwingung und Rhythmus – was die Welt im Innersten zusammenhält.* Scherz Verlag, Bern/München/Wien, 1992
32. **LIBERMAN, Jacob:** *Natürliche Gesundheit für die Augen – Sehstörungen beheben, die Sehkraft verbessern.* Scherz Verlag, Bern/München/Wien, 1997 (Achtung: Der Titel ist irreführend, das Buch ist für absolut jeden eine Erleuchtung, unabhängig davon, wie gut Sie derzeit sehen können!)

33. **MASTERS, Robert/HOUSTON, Jean:** *Mind Games – The Guide to Inner Space.* Delta Book, New York, 1972
34. **MOODY, Raymond A.:** *Leben nach dem Tod – Die Erforschung einer unerklärten Erfahrung.* Rowohlt Taschenbuch Verlag, Reinbek bei Hamburg, 1994
35. **OUSPENSKY, P.D.:** *The Psychology of Man's Possible Evolution.* Bantam Book, New York, 1968
36. **PENNINGTON, George:** *Der Weg über die Augen – Die spirituelle Dimension des Sehens (Übungen für das visuelle Glasperlenspiel).* Junfermann Verlag, Paderborn, 1994
37. **PENNINGTON, George:** *Die Tafeln von Chartres.* Walter-Verlag, Olten und Freiburg im Breisgau, 1994
38. **POSTMAN, Neil:** *Wir amüsieren uns zu Tode – Urteilsfindung im Zeitalter der Unterhaltungsindustrie.* Fischer Taschenbuch Verlag, Frankfurt a. M., 1988
39. **RHINEHART, Luke:** *Der Würfler.* Mitteldeutscher Verlag, Halle, 3. Auflage 2009
40. **ROGER, John/MCWILLIAMS, Peter:** *Geld alleine macht nicht glücklich – Wege zur neuen Bescheidenheit.* Ullstein Verlag, Frankfurt a.M./Berlin, 1994
41. **ROMAN, Sanaya:** *Sich den höheren Energien öffnen – Die unsichtbaren Kräfte des Universums nutzen.* Ansata, Interlaken, 1991
42. **ROPP, Robert S. de:** *Das Meisterspiel.* Droemersche Verlagsanstalt Th. Knaur Nachf., München, 1978
43. **ROPP, Robert S. de:** *Selbstvollendung – Schlüssel zu einem sinnvollen Leben.* Sphinx-Verlag, Basel, 1990
44. **SÁNCHEZ, Victor:** *Die Lehren des Don Carlos – Praktische Anwendung der Lehren Carlos Castanedas.* Synthesis Verlag, Essen, 1996
45. **SMOTHERMON, Ron:** *Drehbuch für Meisterschaft im Leben.* Context-Verlag, Bielefeld, 4. Auflage 1989
46. **SMOTHERMON, Ron:** *Handbuch für das Dritte Jahrtausend.* Context-Verlag, Bielefeld, 1991
47. **SMOTHERMON, Ron:** *Transformation statt Veränderung – Technologie der Selbst-Befreiung.* Context-Verlag, Bielefeld, 1991
48. **SPRENGER, Werner:** *Schleichwege zum Ich II – Lebensglück durch INTA-Meditation.* Nie/nie/sagen-Verlag, Konstanz, 13. erweiterte Auflage 1991
49. **SZASZ, Thomas S.:** *Die Fabrikation des Wahnsinns.* Walter-Verlag, Olten und Freiburg im Breisgau, 1974
50. **TALBOT, Michael:** *Das holographische Universum – Die Welt in neuer Dimension.* Droemersche Verlagsanstalt Th. Knaur Nachf., München, 1992

51. **TAYLOR, Terry Lynn:** *Warum Engel fliegen können – Lichtvolle Kontakte mit unseren Schutzgeistern.* Goldmann, München,4. Auflage 1993
52. **TRUNGPA, Tschögyam:** *Aktive Meditation.* Fischer Taschenbuch Verlag, Frankfurt a. M., 1977
53. **VAUGHAN, Frances E.:** *Intuitiver leben – Wie wir unser inneres Potential entwickeln können.* Kösel-Verlag, München, 1988
54. **WALSH, Roger N./Vaughan, Frances:** *Psychologie in der Wende.* Rowohlt Taschenbuch Verlag, Reinbek bei Hamburg, 1988
55. **WATTS, Alan:** *Weisheit des ungesicherten Lebens.* Otto Wilhelm Barth München, 4. Auflage 1983
56. **WATTS, Alan:** *Die Illusion des Ich – Westliche Wissenschaft und Zivilisation in der Krise – Versuch einer Neuorientierung.* Kösel-Verlag, München, 1980
57. **WATTS, Alan:** *Die sanfte Befreiung – Moderne Psychologie und östliche Weisheit.* Goldmann Verlag, München, 2. Auflage 1985
58. **WATTS, Alan:** *Dies ist ES – und andere Essays über Zen und spirituelle Erfahrung.* Sphinx-Verlag, Basel, 2. Auflage 1981
59. **WATTS, Alan:** *Gott.* Goldmann Taschenbuch Verlag, München, 1984
60. **WATTS, Alan:** *Psychotherapie und östliche Befreiungswege.* Kösel-Verlag, München, 1980
61. **WATTS, Alan:** *Tod.* Goldmann Taschenbuch Verlag, München, 2. Auflage 1984
62. **WEINBERG, George:** *Du mußt nicht sein wie Du bist – Der Schlüssel zu Selbstvertrauen, Lebensfreude, Erfolg und konstruktives Handeln.* Orbis Verlag, München, 1989
63. **WILDE, Stuart:** *Affirmationen – Gedanken haben Schöpferkraft.* Sphinx-Verlag, Basel, 2. Auflage 1994
64. **WILDE, Stuart:** *Die Kraft ohne Grenze.* Sphinx-Verlag, Basel, 5. Auflage 1994
65. **WILDE, Stuart:** *Konzentration der Kraft – Die Weisheit des Kriegers.* Sphinx-Verlag, Basel, 2. Auflage 1994
66. **WILDE, Stuart:** *Wind des Wandels – Auf der Spur einer neuen Welt.* Sphinx-Verlag, Basel, 1995
67. **WILSON, Robert Anton:** *Quantum Psychology.* New Falcon Publications, Phoenix, 1993
68. **WOLFF, Katja:** *Der kabbalistische Spiegel – 198 Blicke hinter die Masken.* Droemersche Verlagsanstalt Th. Knaur Nachf., München, 1989
69. **WOLFF, Katja:** *Magie – Kunst des Wollens – Macht des Willens.* Droemersche Verlagsanstalt Th. Knaur Nachf., München, 1992
70. **WOLINSKI, Stephen:** *Quantenbewußtsein – Das experimentelle Handbuch der Quantenpsychologie.* Verlag Alf Lüchow, Freiburg im Breisgau, 1994

Anmerkungen

Vorwort

1 Leider lag das Manuskript nicht in seiner Endfassung vor, weshalb es vorsichtig überarbeitet wurde und ausnahmsweise in der neuen deutschen Rechtschreibung erscheint.

Einleitung

2 Ich bin in einer tollen Familie aufgewachsen, ich hatte ein wunderbares Elternhaus, aber auch bei uns war die Liebe etwas, worüber man nicht sprach. Signale wurden im Zweifelsfalle stumm vermittelt, was natürlich auch bedeutete, dass sie missverstanden werden konnten. Als ich aus Amerika kam, haben wir angefangen, über diese Dinge zu sprechen. Meine Eltern und ich haben uns dann jahrelang mit dem Wort LOVE beholfen. Durch die Amerika-Erfahrungen fiel es uns leichter, »I love you!« zu sagen oder es in einem Brief zu schreiben. Aber das Wort Liebe war aufgrund unserer Programmierung nach wie vor ein bisschen schwierig für uns.

Eine Selbst-Inventur

3 Manche erschrecken bei diesem Gedanken zu Tode oder eine innere Stimme flüstert ihnen zu: »Von wegen alles, was ich will. So ein Quatsch!«

4 Schreiben Sie das Wort in Zukunft immer so, damit Sie wissen, dass nicht nur die Männer die Potenz haben.

5 Beachten Sie die Ausschließlichkeit: »Alle sind gegen mich!« Die ganze Welt ist Ihr Problem und Sie befinden sich mittendrin!

6 Eigentlich sollte man diesen Menschen, den die Buddhisten meinen, nicht ERWACHSENEN, sondern ENT-WACHSENEN nennen – nämlich der Programmierung entwachsen…

7 Das Wort »Angst« und das Wort »eng« sind verwandt. Nicht umsonst heißt es, dass einem Angst die Kehle zuschnürt – egal ob Sie ein Flucht-Typ sind, dem der Atem stockt, oder ein Kampf-Typ, dem der Hals anschwillt, weil er jetzt auf Konfrontation geht.

Ihr Fixstern

8 Aufgrund eines traumatischen Erlebnisses in meiner Kindheit habe ich auch Angst vor Hunden, aber ich habe Hunde nie gehasst. Ganz im Gegenteil: Ich mag Hunde und sie mögen mich. Ich habe nur Angst vor unbekannten Hunden und meine Angst wächst proportional zur Größe des Hundes. Aber hinter dieser Angst steht kein Hass, keine Ablehnung und darum vergeht sie immer recht schnell, wenn mir ein Herrchen seinen Hund vorstellt.

9 Aber auch die sind nicht in Stein gemeißelt. Denken wir doch einmal zurück: Erst war die Erde flach! Dann wurde sie rund. Dann war sie Mittelpunkt des Kosmos. Und jetzt ist sie ganz am Rande eines Spiralnebels von Milliarden anderer Sterne.

10 Doch das passt natürlich nicht zur dogmatischen Kirchenmeinung. Mit solchen Gedanken könnte ein Mensch ja beginnen, Verantwortung für sein Leben zu übernehmen! Wo kämen wir denn da hin? Die Kirche braucht Sünder und Schuldige!

11 Dabei handelt es sich um die ausgehöhlte und getrocknete Hülle des Flaschenkürbisses.

12 Es gibt Menschen, die auf dem Weisheitstrip sind und sagen: »Man darf das kleine ICH nicht stärken, es geht darum, dass die **Seele** stark wird.« Ich sehe das anders. Nur ein starkes **kleines ICH** wird es wagen, die eine oder andere »Latte« aus dem Zaun zu entfernen! Ein verängstigtes **kleines ICH** wird demgegenüber verzweifelt an jeder »Latte« festhalten. Also spricht nichts dagegen, zwischenzeitlich die eine oder andere Strategie zu fahren, die unser **kleines ICH** stärkt, weil es nur aus der Stärke heraus Terrain aufgeben kann. Denn es profitiert letztlich ja auch davon, wenn Sie sich mehr in Richtung *Dank und Liebe* bewegen.

13 Ein solcher Fixstern könnte sein: Angenommen, dass ich nach dem »Exit« mein eigenes Leben betrachte, würde ich es dann gut finden? Kann ich auch aus dieser Sicht sagen: »Jawohl, dazu stehe ich!«?

14 Hören Sie auf, regelmäßig Nachrichten zu schauen! Ich habe die Sendungen einmal drei, vier Wochen lang analysiert. 90% davon ist negatives Zeug.

MERKBLATT 1: Anlegen von Wissens-ABC & KaWas

15 Ich danke Herrn LOHOFF (vom *usa team*), der bei der Namensfindung damals half: »Analografie« war der Vorläufer von ANALOGRAFFITI©, welches international verständlich ist.

MERKBLATT 3: Weitere hilfreiche Trainingsaufgaben

16 Man geht davon aus, dass die Schwingungen höherer Geisteszustände schneller (heller, leichter) werden. Diese esoterische Weisheit hat inzwischen ihr quantenphysikalisches Pendant gefunden. Das war übrigens das wahre Ziel der Alchemisten: die irdischen Gefühle auf die Ebene der höchsten Gefühle (mit »Gold« bezeichnet) zu transformieren, was grundlegend missverstanden wurde. Allerdings haben »falsche« Alchemisten aus Versehen die Grundlage der modernen Chemie gelegt.

17 In der buddhistischen Tradition sind die Begriffe »Mitgefühl« und »bedingungslose Liebe« gleichzusetzen; beides sind Übersetzungsversuche für ein Wort, für das es in unserer Sprache keinen eigenen Begriff gibt. (Auch **darüber** könnten wir einmal kontemplatorisch reflektieren …)

Bringen Sie Ihre Kommunikations- und Rhetorikfähigkeiten in nur 30 Tagen auf das nächste Level!

Mit dem 30-Tage-Trainings-Programm von Vera F. Birkenbihl, der Meisterin des gehirn-gerechten Lernens, ist der Erfolg garantiert. Dieses Buch ist nicht nur ein Leitfaden, sondern ein interaktives Seminar, das Sie bequem von zu Hause aus absolvieren können.

- ✓ **Praktische Übungen und Spiele:** Erleben Sie eine Vielzahl von Aufgaben, die nicht nur effektiv, sondern auch unterhaltsam sind.
- ✓ **Modulares Lernen:** Passen Sie das Training Ihrem eigenen Tempo an und wählen Sie die Module aus, die für Sie am relevantesten sind.
- ✓ **Selbst- und Fremdeinschätzung:** Nutzen Sie Fragebögen, um ein besseres Verständnis Ihrer eigenen Kommunikationsstärken und -schwächen zu erhalten.

Vera F. Birkenbihl, bekannt für ihren humorvollen und leicht verständlichen Stil, bietet Ihnen erprobte Methoden und Techniken, die auf den neuesten Erkenntnissen der Gehirnforschung basieren. Sie zeigt Ihnen, wie Sie durch gezieltes Training und praktische Übungen Ihr volles Potenzial entfalten können.

Klarsicht Verlag ISBN 978-3-98584-222-3

Plötzliche Leere im Kopf, als hätten Sie alles Wissen ausgelöscht?

Bestsellerautorin Vera F. Birkenbihl hat ein revolutionäres Modell entwickelt, das Ihre Kreativität als Schlüssel zur Problemlösung aktiviert. In »Denkwerkzeuge für den Alltag« entdecken Sie Birkenbihls geistigen Werkzeugkasten: Ein Arsenal an kreativen Techniken, die Sie befähigen, jede Herausforderung zu meistern.

Dieses Buch ist Ihr ultimatives geistiges Multitool – kompakt, multifunktional und immer griffbereit. Erfahren Sie, wie Sie mit über 60 verschiedenen Methoden Ihre Denkprozesse revolutionieren und aus eingefahrenen Denkmustern ausbrechen.

Setzen Sie praktische Beispiele und direkte Anleitungen sofort um. Von schneller Problemanalyse bis hin zu komplexen kreativen Strategien – dieses Buch rüstet Sie mit den nötigen Werkzeugen aus, um stets die optimale Lösung zu finden. Entfesseln Sie Ihr volles Potenzial und beugen Sie zukünftigen geistigen Blockaden vor.

Mit »Denkwerkzeuge für den Alltag« sind Sie bestens gerüstet, jede Herausforderung spielend zu meistern und kreative Lösungen zu entdecken.

Klarsicht Verlag ISBN 978-3-98584-226-1

Fühlen Sie sich manchmal überfordert, wenn es darum geht, Ihrem Kind bei den Hausaufgaben zu helfen?

Mit Vera F. Birkenbihls »Eltern-Nachhilfe« bekommen Sie das entscheidende Werkzeug an die Hand, um Ihr Kind effektiv und nachhaltig zu fördern. Dieses Buch ist Ihr unverzichtbarer Begleiter durch den Schulalltag.

Die Expertin für gehirn-gerechtes Lernen, Vera F. Birkenbihl, liefert Ihnen erprobte Methoden und praxisnahe Tipps, um das Lernen mit Spaß und effektiv zu gestalten. Entdecken Sie, wie Sie die Motivation Ihres Kindes steigern und ihm helfen können, komplexe Inhalte leichter zu verstehen und zu behalten.

»Eltern-Nachhilfe« ist vollgepackt mit nützlichen Anleitungen und verständlichen Erklärungen, die Lernen zu einem positiven Erlebnis für die ganze Familie machen. Vera F. Birkenbihl zeigt Ihnen, wie Sie die natürlichen Lernprozesse Ihres Kindes ankurbeln und mit einfachen, aber wirkungsvollen Veränderungen große Erfolge erzielen – von der optimalen Lernumgebung bis hin zu motivierenden und spaßigen Übungen.

Werden Sie zum besten Lerncoach, den Ihr Kind sich wünschen kann – und erleben Sie gemeinsam die Freude am Lernen.

Klarsicht Verlag ISBN 978-3-98584-225-4

Haben Sie genug von öden Vokabellisten und dem ewigen Pauken, das ins Leere führt?

Sie suchen den Schlüssel zu einer neuen Sprache? »Fremdsprachen lernen für Schüler« bietet Ihnen einen erfrischenden Ansatz, der die grauen Zellen mit Freude in Schwung bringt! Stellen Sie sich vor, Sie könnten eine Sprache lernen, indem Sie sich einfach entspannen und genießen – Vera F. Birkenbihl macht es möglich.

Mit einer Mischung aus bewährten Techniken und innovativen Methoden führt dieses Buch Sie spielerisch an das Fremdsprachenlernen heran. Vergessen Sie das sture Auswendiglernen! Durch Techniken wie das »Dekodieren« und »passives Hören« wird Ihr Gehirn dazu angeregt, Worte und Phrasen natürlich und mühelos zu absorbieren.

Sie sind Schüler, Elternteil oder Lehrkraft? Dieses Buch hält unzählige Aha-Momente für Sie bereit. Es erklärt, warum traditionelle Lernmethoden oft scheitern und wie Sie mit weniger Aufwand mehr erreichen können. Steigen Sie ein in eine Reise, die Ihre Art zu lernen verändern wird und Ihnen zeigt, wie Sprachenlernen wirklich funktionieren kann – effektiv, nachhaltig und mit viel Freude.

Klarsicht Verlag ISBN 978-3-98584-220-9

Sie glauben, Stress sei der Feind?
Denken Sie noch einmal nach!

Dieses Buch zeigt Ihnen, wie Sie Stress als Ihren größten Verbündeten gewinnen können.

Vera F. Birkenbihl, Bestsellerautorin und Expertin für Gehirntraining, offenbart revolutionäre Techniken, mit denen Sie Stress in pure Lebensfreude und Erfolg umwandeln.

Verstehen Sie die Funktionsweise Ihres Reptiliengehirns und die enge Verbindung zwischen Angst und Freude. Nutzen Sie gezielte Herausforderungen, um Ihr Denkhirn zu aktivieren und Ihre Energiereserven optimal zu nutzen. In praktischen Kapiteln erfahren Sie, wie Sie Stress gezielt dosieren und anwenden können, um Ihre Ziele zu erreichen und Ihr Leben in vollen Zügen zu genießen.

Dieses Buch ist Ihr Schlüssel zu mehr Motivation, Energie und Lebensqualität. Mit wissenschaftlich fundierten Methoden und praxiserprobten Tipps wird Stress zu Ihrem besten Freund – für ein erfülltes und leistungsstarkes Leben. Treten Sie aus Ihrer Komfortzone heraus und entfalten Sie das volle Potenzial Ihres Geistes!

Klarsicht Verlag ISBN 978-3-98584-227-8

Stellen Sie sich vor, Sie könnten in die Köpfe Ihrer Kinder blicken und verstehen, warum sie auf ganz bestimmte Weise lernen und agieren.

Vera F. Birkenbihl nimmt Sie mit auf eine spannende Reise durch die unterschiedlichen Lernwelten von Jungen und Mädchen. Mit ihrer einzigartigen Mischung aus Humor, wissenschaftlicher Tiefe und praktischen Tipps eröffnet sie Ihnen neue Perspektiven auf das Lernen.

In diesem aufschlussreichen Buch enthüllt Birkenbihl, warum Jungen scheinbar unaufhörlich aktiv sind, während Mädchen oft ruhig und konzentriert verharren können. Sie entwirrt, wie sich diese Unterschiede schon im Kleinkindalter manifestieren und welche weitreichenden Konsequenzen sie für das Lernen haben. Durch lebendige Studien und praxisnahe Beispiele vermittelt sie, wie Sie die Lernpotenziale Ihrer Kinder voll ausschöpfen und individuell fördern können.

Dieses Buch bietet nicht nur tiefgreifendes Wissen, sondern auch einen praktischen Ratgeber mit zahlreichen Übungen und Techniken, die das Lernen erleichtern. Die innovativen Methoden von Birkenbihl bringen Spaß und Erfolg ins Lernen – egal ob im Klassenzimmer oder zuhause.

Klarsicht Verlag ISBN 978-3-98584-218-6

Fühlen Sie sich erschöpft vom endlosen Büffeln, das nie zu haften scheint?

Entdecken Sie mit Vera F. Birkenbihl bahnbrechende Techniken, die das Lernen nicht nur vereinfachen, sondern auch zur Freude machen! In »Prüfungen bestehen« deckt Birkenbihl die Mängel traditioneller Lernansätze auf und zeigt Ihnen, wie Sie Lernhürden spielend überwinden.

Stellen Sie sich Ihr Gehirn als lebendiges Kloster vor, in dem Wissen harmonisch gesammelt und abgerufen wird. Birkenbihls gehirn-gerechtes Lernen verankert Wissen nachhaltig und macht es jederzeit zugänglich. Erleben Sie, wie ABC-Listen, KaWas oder der Tapeten-Effekt das Lernen verwandeln und Ihnen ermöglichen, Prüfungen zu meistern.

Ihr Gewinn? Schnelleres, effektiveres Lernen und das Gefühl des Erfolgs, wenn alles »klickt«. »Prüfungen bestehen« ist Ihr Ticket zu einer inspirierenden Lernerfahrung, die Schüler, Studenten und Erwachsene gleichermaßen begeistert.

Tauchen Sie ein in ein Lernen, das nicht nur effektiv, sondern auch erfüllend ist.

Klarsicht Verlag ISBN 978-3-98584-228-5

Möchten Sie bei Ihrer nächsten Präsentation begeistern, in Verhandlungen dominieren und in Diskussionen blitzschnell kontern?

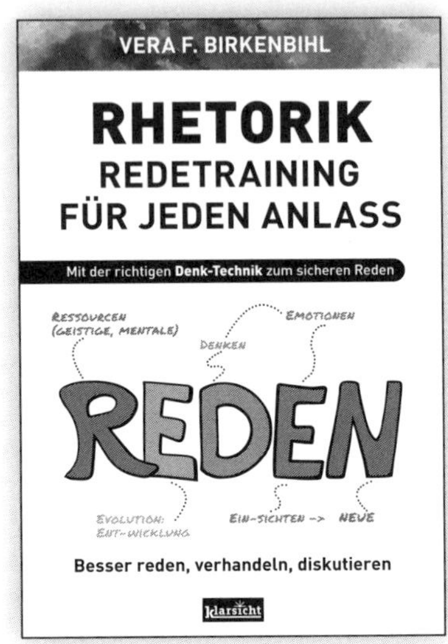

»Rhetorik: Redetraining für jede Gelegenheit « von Vera F. Birkenbihl macht aus Ihnen einen Meister der Kommunikation. Dieses Buch ist Ihr ultimativer Guide, um rhetorische Skills spielerisch zu entwickeln und schrittweise zu perfektionieren.

✓ **Kommunikation, die fesselt:** Lernen Sie, wie Sie Ihr Publikum in den Bann ziehen und Ihre Argumente gezielt platzieren.
✓ **Interaktive Übungen:** Steigern Sie Ihre Schlagfertigkeit und rhetorische Fitness – von Atemtechniken bis hin zu überzeugender Argumentation.
✓ **Feedback, das weiterbringt:** Optimieren Sie Ihre rhetorische Wirkung durch konstruktives Feedback.

Vera F. Birkenbihl, renommiert für ihren witzigen und gehirngerechten Ansatz, führt Sie durch einen Prozess, der nicht nur Ihre Rhetorik, sondern auch Ihr Selbstvertrauen stärkt. Egal, ob im Beruf oder im Privaten – dieses Buch ist Ihr Schlüssel, um in jeder kommunikativen Situation zu glänzen.

Klarsicht Verlag ISBN 978-3-98584-223-0

Möchten Sie Ihre rhetorischen Skills in Rekordzeit auf ein neues Level bringen?

»Rhetorik-Training kompakt« von Vera F. Birkenbihl ist das perfekte Tool, um Ihre Kommunikationsfähigkeiten effizient zu schärfen. Ob für ein unerwartetes Meeting oder eine spontane Präsentation, hier finden Sie präzise Techniken für sofortige Erfolge. Knackiges Fachwissen, zielführende Übungen und prägnante Tipps – komprimiert und ohne Umwege.

Dieses Buch garantiert schnelle Erfolge und ist ideal für alle, die kurzfristig ihre rhetorische Überzeugungskraft stärken möchten – sei es für geschäftliche Meetings oder überraschende Redeanlässe. Erzielen Sie unmittelbare Verbesserungen, die Ihr Selbstvertrauen und Ihre Ausstrahlung merklich steigern. Dieses Buch ist Ihre rhetorische Erste-Hilfe-Box: praktisch, handlich und immer einsatzbereit.

Mit »Rhetorik-Training kompakt« sind Sie immer bestens gerüstet, um rhetorisch zu glänzen – schnell, wirkungsvoll und mit minimalem Aufwand. Ein Muss für jeden, der eine sofort spürbare Verbesserung seiner Kommunikationsfähigkeiten anstrebt.

Klarsicht Verlag ISBN 978-3-98584-224-7